UTCP叢書2

共生のための技術哲学

「ユニバーサルデザイン」という思想

村田純一――編

未來社

共生のための技術哲学——「ユニバーサルデザイン」という思想◇目次

はじめに……村田純一 7
序章　共生のための技術哲学……村田純一 15

第1部　社会構成主義の可能性

第1章　社会構成主義と技術文化の民主化——予防原則の役割……ウィーベ・バイカー（夏目賢一訳） 30
第2章　社会構成主義と人工物の権力論……藤垣裕子 76

第2部　ユニバーサルデザインとは何か

第3章　ユニバーサル・デザインについて……川内美彦 96
第4章　社会批判としてのユニバーサルデザイン——または福祉社会のための科学技術批判について……木原英逸 110

第5章　アクセシビリティはユニバーサルデザインと支援技術の共同作業により実現する……石川　准　124

第6章　”万人のための社会“をデザインする――特別支援教育、支援テクノロジー、ユニバーサルデザイン……河野哲也　139

第3部　「ユニバーサルデザイン」の哲学

第7章　技術を構想する権利はあるのだろうか？……ラングドン・ウィナー（柴田崇訳）　150

第8章　「参加」のデザイン――ユニバーサルな社会のために……中村征樹　171

第9章　技術と環境――生態学的観点から……柴田　崇　193

第10章　語る者の姿勢……川内美彦　201

ユニバーサルデザインの射程――あとがきにかえて……村田純一　207

装幀——戸田ツトム

共生のための技術哲学

◇「ユニバーサルデザイン」という思想　UTCP叢書2

はじめに

村田純一

最近、まちづくりや建築物、そしてさまざまな日用品に関して、「ユニバーサルデザイン」という言葉をしばしば聞くようになった。障害をもった人々を対象にしてバリアーをなくす(「バリアフリー」)だけではなく、誰にでもバリアーが少なく使いやすいデザインという意味で、この言葉は、文房具や電化製品の広告にまで使われるようになっている。

本書は、この「ユニバーサルデザイン」というデザインに関する考え方を、広い意味で「哲学的」に考え直してみようという目論見で編集されたものである。

「ユニバーサルデザイン」という言葉は、誰にでも使いやすいデザインというデザインの理想を表現しているように見えるが、かえってそのために、聞くものにさまざまな疑問を抱かせる言葉でもある。「ユニバーサルデザイン」という言葉には「誰にでも使いやすい」という意味で、「ユニバーサル」という言葉が含まれているが、はたして人工物を製作した場合に、本当に誰にでも使いやすくすることは可能なのだろうか。

「ユニバーサルデザイン」という考え方のなかには、障害者も含めて誰でもが平等に社会のなかで活動できねばならないという民主主義の理念が含まれているが、はたして、人工物のデザインだけで、こうした理念が実現できるのだろうか。

デザインが「ユニバーサル」であることを謳うことによって、かえって隠されてしまうことが出てこないだろうか。

本書は、こうした素朴な疑問を端緒としながら、「ユニバーサルデザイン」とは何であるのか、また、「ユニバーサルデザイン」の本来の意義はどこにあるのか、どのような問題点を抱えているのか、といった点を、できるだけ幅広い観点から考えてみることを目指している。したがって、表題には「哲学」という言葉を用いているが、実際の書き手としては、哲学者のみならず、社会学者、ＳＴＳ（科学技術社会論）研究者、さらには、実際のデザイン活動に携わっている建築家などさまざまな専門領域に属しているものたちが参加している。

さまざまな観点から考察を加えながら、執筆者に共通しているのは、「ユニバーサルデザイン」というデザイン観を、障害者や高齢者、あるいは子供や病人など、さまざまな人々が共に平等に生きることができる社会を構築するための「哲学」ないし「思想」として捉えてみようとする観点であり、そしてそのような見方をとった場合、このデザイン観の意義と射程はどのように捉えられるだろうか、という問題意識である。「ユニバーサルデザイン」は具体的な設計活動を導く方法でもあり、具体的な人工物として実現すべきものでもあるのだから、「ユニバーサルデザイン」を「実践的哲学」、ないし、「哲学的実践」として捉える試みということもできる。

なぜこのような一見奇妙な試みを本書の執筆者たちが行なおうとしたのかを理解していただくために、ごく簡単にではあるが、本書の成立の事情を説明しておきたい。

東京大学大学院総合文化研究科では、二〇〇二年度の秋以来、二一世紀COE「共生のための国際哲学交流センター」（UTCP）が設けられ、現代世界の諸問題を「共生」というキーワードで取り上げながら、それを哲学者の間での国際的な交流を通して解明していこうという取り組みが行なわれてきた。このプロジェクトの第一部門では、おもに「技術哲学」の観点から、「共生」をめぐるさまざまな問題に取り組む可能性を追求してきた。そして、こうした研究活動に一定のまとまりを付けるために、二〇〇六年三月一〇日から一二日にかけて、「共生のための技術哲学」という表題を掲げたワークショップを行なった。お気づきのように、本書の表題はこのときのワークショップの課題名を利用したものである。本書の執筆者のなかで東京大学大学院総合文化研究科に属しているものはこのワークショップの企画実行に加わったメンバーであり、その他の執筆者もまた、このワークショップでの発表者である。本書はこの点で、このときのワークショップの成果の一部の公刊という意味をもっている。

このワークショップの課題について詳しくは序章を参照いただきたいのであるが、ごく簡単にいうと、新しい展開を見せている技術哲学の意義を特にその実践面に関して考える、というものであった。ワークショップの概略は以下のようなものである。

最初に、UTCPのリーダーである小林康夫氏による開会の辞が述べられたあとで、基調講演として、オランダのW・バイカー氏の講演が行なわれた。なぜバイカー氏に基調講演を依頼したのかといえば、バイカー氏は、現代の技術論のなかで大きな流れを作っている「社会構成主義」という見方の第一人者であり、現代の技術哲学のあり方を考えるうえで「社会構成主義」の役割を明らかにすることが不可欠だと考えたからである。実際、このバイカー氏の講演によって、現代の技術哲学の現状とその基本問題が明確に提示されたと同時に、ワークショップの課題のもつ意味に関しても光が当てられた。

　第1セッションでは、「人体における自然と人工」という表題のもとで、おもに生命倫理の課題が議論された。第2セッショシでは、「福祉社会における技術の哲学」という表題のもとでおもにユニバーサルデザインをめぐる議論が行なわれた。第3セッションでは、「危機と危機意識」という表題のもとで、地震などの自然災害や、あるいは、大きな政治的変化に直面した場合の人々の対応の仕方を具体的な事例に即して分析することがなされた。そして、最後の第4セッションでは、こうした議論を踏まえて、実践的な問題に関して技術哲学に何ができるのか、という点をめぐって方法論に焦点を当てた議論が展開された（このワークショップには、本書に論文が収録されているW・バイカー、L・ウィナー両氏のほかに、カナダ、サイモン・フレーザー大学のA・フィーンバーグ氏とアメリカ、ワシントン大学のA・ライト氏が講演者として招待された）。

　このワークショップのなかから、基調講演と第2セッションで発表された原稿をもとにして、それらにいくつかの原稿を付加して成立したのが本書である。こうした構成で本書を編集した理由は、分量が制限されているためということがひとつであるが、同時に、第2セッションで扱ったユニバーサルデザインをめぐる議論のなかに「共生のための技術哲学」という課題に最も直接的に関係している議論が見出されると考えたからである。

したがって、本書の表題に用いられた「共生のための技術哲学」という言葉は二義的に用いられている。第一に、この言葉は以上で述べたCOEプロジェクトのなかで推進してきた課題を表現しているが、第二には、ユニバーサルデザインというデザイン観は「共生のための技術哲学」ないしそのような哲学の実践版と捉えることができるようなものだろうか、という問題意識の表現としても用いられている。はたして、ユニバーサルデザインは、「共生のための技術哲学」たりうるか。これが本書の課題であり、本書の各論文はそれぞれの仕方でこの課題に取り組んでいる。

以下で、本書の内容をごく簡単に紹介しておきたい。

最初の序章では、現代における技術哲学の現状を概観しながら、本書を編集することを導いた問題意識がどのようなものなのかが述べられるとともに、ユニバーサルデザインに関する紹介がなされている。

第1部では、W・バイカー氏によって社会構成主義の概念が印象深く提示されている。注目すべきは、バイカー氏はオランダでさまざまな技術をめぐる具体的問題に対処することにコミットされており、自らの「哲学」を一貫して具体的な問題への取り組みを通して考えているという点である。続いて、現代のSTS（科学技術社会論）研究の代表者のひとりである藤垣裕子氏は、バイカー氏の論文の解説をかねながら、現代の技術論のなかでの社会構成主義の意義を明らかにすると同時に、バイカー氏の議論を第2部以降のユニバーサルデザインをめぐる議論へと連関づける視点を与えている。

第2部からは、ユニバーサルデザインを題材にしてさまざまな観点からの議論が展開されている。最初に、日本におけるユニバーサルデザインの提唱者であると同時に実践者である川内美彦氏によってユニバーサルデザインへの総括的概観が与えられる。ここでは、一般にユニバーサルデザインが紹介されるときにはあまり焦点が当てられることのない点、例えば、ユニバーサルデザインがアメリカの市場主義を反映したデザイン論であること、あるいは、ユニバーサルデザインにこめられた理想に近づくためには、それを支援する社会体制が不可欠である点など、興味深い論点が提出されている。続いて、STS研究者の木原英逸氏は、ユニバーサルデザインがたんに道具のデザインに関わるのみではなく、社会批判という意義を体現してきたものであることを指摘して、ユニバーサルデザインを社会変革の可能性と結びつける必要性を強調している。第5章の執筆者である石川准氏は、日本で「障害学」という学問を新たに立ち上げることを推進してきた社会学者であるが、同時に、ユニバーサルデザインの実践者でもある。論文ではこの観点から、ユニバーサルデザインを具体的に実現するうえで問題になる技術的な点が指摘され、同時に、このデザインに内在する根本問題が取り出されている。エコロジカルな哲学を追求している河野哲也氏は、ユニバーサルデザインを広く支援技術が問題になる脈絡のなかに位置づけることによって、その意義と限界を論じている。

以上のようにして、ユニバーサルデザインの概観が与えられた後で、第3部では、その「思想」ないし「哲学」がさらにさまざまな観点から検討される。

第7章で政治哲学者のL・ウィナー氏は、エド・ロバーツというアメリカ障害者運動の代表者との出会いのエピソードをもとにして、障害者の社会参加をめぐる権利闘争の歴史的意義を明らかにすることによって、デザイン過程への参加の権利という新たな権利の根拠づけを試みている。STS研究者の中村征樹氏は、ウィナーが取り上げた参加の権利をめぐる問題が日本でどのような仕方で現われているかを、ユニバーサルデザインの実現の歴史や障害者による権利闘争の歴史と現状を踏まえて明らかにしている。生態心理学者の柴田崇氏は、よりミクロな視点から、障害者が環境を認知したり、身体能力を回復したりしていくうえで環境のデザインがもつ意味を明らかにしている。

こうした多様な議論の最後に、ユニバーサルデザインの実践者である川内美彦氏から大変鋭い問題提起がなされている。ユニバーサルデザインに関して語るものは、ユニバーサルデザインをひとつの題材として語るだけではすまない責任を帯びることになるのではないか、というのが川内氏の問題提起である。

現代の哲学者（あるいは、広く言論をなすものといってよいかもしれないが）はある意味でいつもこのような「自己参照的（self-referential）」な問題に巻き込まれることを避けることは難しい。環境問題について語りながら、冷房をむやみに使用し、不必要に自家用車を利用している人間を見ると、誰でもがこっけいに思うだろう。同じように、他者への配慮を基本としたデザインであるユニバーサルデザインを題材とした会議で、障害をもった人々への配慮がいっさい行なわれていないというのは、なんと能天気なことだろうか。実際、わたしたち会議を企画したものたちは、川内氏に指摘されてはじめて、わたしたちの開催した会議のもつ自己矛盾的性格に気づくというありさまであった。

わたしたちがワークショップを企画し、ひいては本書を企画したのは、現代の技術哲学が技術をめぐる実践的な問題に対処するうえで、はたしてなんらかの役にたちうるだろうか、という問題意識をもったからであった。図らずも、実践という言葉を語りながら、語るものがどれほど実践からかけ離れた世界に生きているものであるかを露呈することになった。この点は川内氏の指摘されたとおりである。

こうした点から見ると、本書はいわば「失敗」の記録、ないし、失敗から学んだ記録、ということもできる。はたして読者がこのような書物をどのように評価されるか、厳しいご批判を含め、ご意見をいただけると幸いである。

二〇〇六年七月末

序章　共生のための技術哲学

村田純一

1　技術哲学の新たな展開

二〇世紀において西洋の技術哲学は大きな転回を経験した。

少なくとも一九六〇年代にいたるまでは、技術哲学と呼びうる試みとしては、ヤスパースやハイデガー、あるいは、ホルクハイマー、アドルノのような何人かの「偉大な哲学者」の議論に見られるものが主であった。それらの議論は、技術を西洋思想の歴史全体のなかに位置づけるスケールの大きな試みであり、その時どきで、一定のインパクトをもってはいた。しかしながら、そのような議論はほとんど単発的なものであり、哲学のアカデミズムのなかで、一定の問題意識を共有しながら技術に関する哲学的議論が蓄積され深まるということはほとんど見られなかった。

たとえば、近代技術の特徴を古典的な技術と対比して捉えるために、ハイデガーは近代における技術的論理の全面的支配を示すGestellという言葉を提案し、また、ホルクハイマーは目的から自立して機能し始めた技術的論理のあり方を示す「道具的理性の支配」という言葉を用いた。これらの言葉は、近代技術を古典技術に対して鋭く対比させるきわめてスケールの大きな概念であり、また、きわめて「本質主義的」観点の強いものであった。

しかしながら、こうした概念を用いることによって、わたしたちが日々出会っている具体的な技術現象や技術をめぐる問題に対してどのような光が当てられるのか、あるいは、問題解決へのどのような指針が得られるのか、といった点ではなんら明確な答えを得ることはできないように思われた。たとえば、こうした概念を用いることによって、電話や自動車の出現のあり方に関してどのような特徴が明らかになるのか、あるいは、それらの人工物とのかかわりによって、わたしたちの経験や生活のあり方、ひいては社会や文化のあり方に生じている変化に関してどのような知見が得られるのか、といった具体的問題を分析する段になると、こうした概念から手がかりを見出すことは容易ではないように思われる。

とりわけこのような事情が際立つのは、現代、技術をめぐって生じているさまざまな問題に対処するために試みられている倫理的な取組みに目を向ける場合である。

二〇世紀後半、とりわけ一九七〇年代以降、環境倫理、生命倫理、あるいは、情報倫理などに関する議論がさかんになってきた。これらいわゆる応用倫理の分野では、哲学、倫理学から始まって、法律、政治、経済、政策決定、そして具体的な技術開発に至るまで、具体的な問題を前にして、多様な分野を巻き込んだ広範な議論が繰り返されてきた。それでは、先にあげたような哲学者たちの議論から、具体的な解決を求められているこうした「倫理問題」に対してなんらかの具体的な提言をえることは可能だろうか。ほとんど不可能だというのが多くの人の印象ではなかろうか。あたかも、具体的問題に対処する倫理的議論と技術のあり方を根本的に捉える哲学的観点が切り離されてしまっているかのように思われる。哲学者が繰り広げる議論のレベル、あるいは、そのスケールと、日々わたしたちが出会っている技術をめぐるさまざまな出来事が置かれたレベル、ないしスケールとの違いは大変大きく、両者はまったく異なるものであるかのようであり、それぞれの議論ではたしかに同じ「技術」という言葉が使われながら、両者が同じ事柄について話をしているとはとても思われなかった。

こうした技術哲学をめぐる状況に転機がもたらされたのは、一九七〇年代になって、「社会構成主義」と呼ばれる見方が成立し、技術の成立過程に関するミクロな分析の可能性が開かれたことによっている。

この流れの基本的な見方は、本書の第1章の執筆者であるW・バイカー氏が、T・ヒューズ、T・ピンチらとともに編纂した*The Social construction of technological systems: new directions in the sociology and history of technology.* edited by Wiebe E. Bijker, Thomas P. Hughes, and Trevor J. Pinch. Cambridge, Mass. MIT Press, 1987. という論集によって広く世界に知られるようになった（この書に集約された考え方は頭文字をとってSCOTと呼ばれている）。この新しい見方は、科学社会学の発展のなかから生まれたものであるが、影響は社会学にとどまらず、技術哲学や技術史に対しても大きな影響をもつようになった。

社会構成主義の見方によって、それまで哲学者には閉じられていた技術というブラックボックスが開かれ、そのなかでは、技術的要因のみではなく、経済的、政治的、そしてさらには、社会的、価値的要因が大きな影響力をもっていることが明らかにされた。技術的構想から、設計、開発、生産、消費にいたるすべての過程で、技術的合理性や経済的合理性には還元できないさまざまな要因が働いていることが明らかとなり、「解釈の柔軟性」という概念がひとつのキーワードとなった。

この「解釈の柔軟性」という言葉は、非常に幅広い分野で技術の本性をめぐる哲学的な議論を巻き起こすことになったと同時に、その内容を個別的な事例に即して解明するさまざまな経験的な研究の導き手ともなった。こうして、技術の関係する多面的な側面が明らかになるとともに、技術哲学は、技術史や技術社会学などの経験的研究のなかに多くの学ぶべきことを見出し、それらの分野との交流が不可欠となった。技術の哲学は、アプリオリな概念分析に終始するだけではなく、さまざまな具体的な技術現象、さまざまな具体的な問題に目を向けるようになったのである。こうした傾向は、最近では技術哲学の「経験（論）的転回」(empirical turn）とまで呼ばれるようになり、さらなる展開がなされるようになっている。こうした状況は、哲学者の用いる「技術」という言葉と多くの経験的な研究のなかで用いられる「技術」という言葉との隔たりがようやく埋められてきたことを意味しているし、また、技術哲学が一種の「非本質主義的・自然主義的」転回を経験しつつあるということもできる。

しかも、技術哲学が具体的事例や具体的経験へと目を向けるようになったことは、技術哲学の方法論的な変更を意味するだけではなく、技術に関する見方の内容に関しても、根本的な変化をもたらすことになった。

2　技術・社会・ネットワークとしての技術——その両義性と不確実性

技術哲学のなかで、そしてまた、技術に関するより広い見方のなかでも、長年影響力をもってきたのは、「技術決定論」と呼ばれる見方である。この見方によると、技術の過程は、固有の原理（合理性や効率性）に支配されており、そのため、技術の発展過程にせよ、技術が社会へと導入される過程にせよ、それを社会的要因や価値的要因によって変更することはできない、と見なされる。この見方は、たとえば、「インターネットが社会を変える」とか「延命治療技術の発達によって人間の死の概念が変えられた」といったような言い方に見られるように、大変ポピュラーであり、一般的なものである。そのため、さまざまな批判が試みられてはきたが、たいへん根強いものである。

このような技術決定論的な見方に対して、社会構成主義は、技術に関する別の見方の可能性を明確に示してくれた。技術の展開過程は、決してあらかじめ決められて、動かしようのないものではなく、さまざまな要因によって影響を受け、さまざまな「解釈の柔軟性」に開かれた過程であり、その意味で変更可能な過程である、ということが示されることになった。しかしながら、注意しなければならないのは、社会構成主義は、今度は技術決定論にかわって社会が技術を決定するという社会決定論を主張したわけではないという点である。すでに、バイカー氏が強調しているように、社会なしの技術が考えられないのと同様に、技術なしの社会も考えることはできない。技術と社会はいわばひとつのコインの両面のように密接な関係にあることが強調される。技術と社会の「二重側面説」とでもいえるような見方が提起され、原理的な次元で考えられるのは、「技術・社会・ネットワーク」とでもいえるような複合体であるということになる。

もし「技術・社会・ネットワーク」が技術的要因によっても、社会的要因によっても、それらだけでは単独には決定されない複雑性を示すとなると、このネットワークの進行過程は、なんらかのひとつの要因によって予見したり、操作したりすることはできないということになるのだから、このネットワークは、多重決定、ないし、多元的決定のあり方を示すといってもよいが、同時に、一種の非決定性を示すといってもよいことになる。この意味で、技術の進行には、予見不可能性、操作不可能性、あるいは、不確実性といった特質がまぬかれなくなる。この事態を積極的にいえば、技術の展開過程では、予期されえないような新たな技術（ないし、技術・社会・ネットワーク）が生まれるという点から見て、このネットワークには一種の「創造性」が不可分な特質として備わっているということもできる。

しかも、この不確実性、創造性という特徴は、技術の生産過程、開発過程に関してのみあてはまる事柄ではない。設計がなされ、開発が終わり、製品が使用者に渡った後にも、さまざまな仕方で、設計者や生産者の意図とは異なった使用のされ方が生み出されることは、すでによく知られた事柄である。これを否定面に焦点を当てていえば、E・テナーがいうように「技術は逆襲するものだ」（テナー一九九九）ということもできるが、いずれにしても、「技術・社会・ネットワーク」に備わる不確実性と創造性は、技術の設計から開発、生産、使用にいたるすべての段階で見られる特徴であるということができる。

この「技術・社会・ネットワーク」に備わっている不確実性、あるいは、創造性という特質は、技術や社会のあり方によってさまざまであるが、しかし、技術が発達し高度化すればするほど、そして、それと相関的に社会が複雑性を増せば増すほど、はっきりと現われてくる。現代、わたしたちがさまざまな仕方で出会っている技術をめぐる最も大きな問題は、技術・社会・ネットワークが示すこの特質にどのように対処することができるのか、どのように対処すべきか、という点にあるといっても過言ではないだろう。そのもっとも明瞭な例が、大規模で高度な技術システムが引き起こす大規模な事故（原子力発電所の事故、化学工場の引き起こす事故、スペースシャトルが引き起こす事故、など）である。たとえば、C・ペローは、複雑で、要素が緊密に結びついたシステムには事故の可能性がかならず含まれている、ということを強調して、「正常な事故」（normal accident）という言葉を提案している。さらには、大量かつ多様に用いられている化学物質によってもたらされる「環境ホルモン」をめぐる問題、あるいは、新たな生殖技術やナノテクノロジーなど、新たに生まれる技術がもたらす問題など、その多くがこの特質を示している。W・ベックが現代社会の特質を表現するために「リスク社会」という言葉を提案してから、すでに二〇年以上がたっている。

ここで不確実性ないし創造性という言葉で表現した事態をバイカー氏は「脆弱性（vulnerability）」という言葉を用いて表現し、大変興味深い論点を呈示している。「脆弱性」は、否定的に見るなら、危険をもたらす特徴であり、わたしたちがつねに注意し対処しなければならない特質である。しかし他方で、肯定面から見るなら、「脆弱性」は、変化が不可避であり、新しさをもたらし、学習が可能な社会に生きているということを可能にしている特質であると考えることができる。したがって、この「脆弱性」を完全に制御し、抹消しようとする試みは、およそ不可能な試みであるばかりではなく、社会と文化から創造性を奪う試みであるということにもなる。このような指摘のなかに、発達した科学技術を中核として成立している現代の世界を考えるうえで大変重要な示唆が見出される。

3　技術の哲学と倫理学の基本課題

さてそれでは、こうした技術に関する新たな見方に基づくと、技術の哲学と倫理学との関係にも新たな状況が生まれてくるのだろうか。両者はより緊密な関係をもつことができるのだろうか。この点に関しては、明確なことをいうのは容易ではない、というのも、ここで焦点を当ててきたような技術・社会・ネットワークの示す原理的な不確実性や創造性を考慮に入れるなら、これまで受け入れられてきた技術と倫理をめぐる見方をそのまま保持することはできず、倫理的観点に関しても大きな転換が必要となるからである。

たとえば、応用倫理学という名のもとでさまざまに展開されてきた分野、環境倫理、生命倫理、情報倫理、といった分野では、それぞれ技術の新たな展開によって社会のなかにもたらされたさまざまな価値にかかわる問題が取り上げられてきたが、この場合、技術の発展そのものはブラックボックスにされたままである。したがって、技術をめぐる倫理的問題の多くは、技術の展開がなされた後に、社会がそれを受け入れる段階になって生じた問題として、いわば「後始末の倫理」として取り上げられてきた。明らかにこのような見方の背景となっていたのは、技術決定論である。

それに対して、社会構成主義は、ブラックボックスを開くことによって、技術の展開に外側から倫理がかかわるのではなく、技術の形成過程そのものをも考慮に入れて倫理問題を考察することに対して、少なくとも可能性を開いてくれた、ということができるだろう。「後始末の倫理」に対して、いわば「研究開発にかかわる倫理」（アイディ　二〇〇二）の可能性が開かれたことになる。しかし、可能性が開かれるということはただちに現実性が示されるということではない。それどころか、たとえば、L・ウィナー氏はいち早く、社会構成主義の見方は、技術の展開過程を詳しく記述する功績はあるが、そこから、なんらかの批判的、規範的観点を導くことはしない、あるいは、できない、という指摘をおこない、社会構成主義者の開いたブラックボックスは「空っぽだ」と批判している。

たしかに、社会構成主義のテーゼを真剣に受け止めながら、技術に関する規範的な見方を確保する試みは必ずしも多くはない。実際、こうした試みは、技術と倫理をめぐる問題に関して、根本的な困難を引き受けることになるからである。

もし、技術が、あるいは、技術・社会・ネットワークが原理的に不確実性を免れないとすると、そのような技術をめぐる倫理的課題は、予測不可能なものを予測する、あるいは、操作不可能なものを操作する、といった仕方で表わされる明らかに矛盾を含んだ課題に取り組まねばならないことになるように見えるからである。

あるいは、方法論的な観点に焦点を当てるなら、技術に対して、原理的な「解釈の柔軟性」を認めておきながら、どのようにしてそこに固定した規範的観点を結びつけうるか、というようにも表現できる。

はたして、社会構成主義の成果を受け入れて「経験論的転回」を経てきた技術の哲学は、技術をめぐって現代の世界が抱えているさまざまな具体的な諸問題に対して、なんらかの規範的、倫理的な対処の仕方を提示できるだろうか。

これが、本書のもとになったワークショップの課題であったし、また、同時に、本書の課題でもある。（本書第一章の最後の部分で、バイカー氏は、ここでわたしが定式化した課題に対する応答を示してくださった。）

4　「ユニバーサルデザイン」という思想

実際のワークショップでは、「はじめに」でも述べたように、四つのセッションによって、ここで定式化した課題に対する応答の試みが行なわれた。しかし本書では、そのなかから特に「ユニバーサルデザイン」に関わる議論を取り上げた。その理由は、「ユニバーサルデザイン」という設計思想のなかに、ここで定式化した技術哲学の課題に対する具体的な応答例を見出しうると考えたからである。しかし、はたしてユニバーサルデザインという設計観は、社会構成主義によって大きな影響を受けた現代の技術哲学が出会っている課題に対する応答という意味をもちうるだろうか。

詳しくは、以下本論に収められた諸論文をごらんいただくようにお願いしたいのだが、ここでは、この点を考えるために、ユニバーサルデザインの特徴を簡単に振り返っておくことにしたい。

a　ユニバーサルデザインの7つの原則

ユニバーサルデザインの紹介がなされるときには必ずその7つの原則があげられる。これは、ノースカロライナ州立大学ユニバーサルデザイン・センター（Center for Universal Design: CDU）によって定められたデザインに関する指針である。

原則1：利用における公平性
原則2：利用の柔軟性
原則3：シンプルかつ直感的な使い勝手
原則4：わかりやすい情報提供
原則5：ミスに対する許容性
原則6：身体的労力を要しないこと
原則7：適切な使用のためのサイズと空間
（ユニバーサルデザインの原則に関しては、ストーリー　二〇〇三、一五八以下を参照）

読者のなかには、これらのデザインの原則をごらんになって、どこに特別な特徴があるのかと疑問をおもちになる方もおられるかもしれない。実際、原則3から7で述べられているのは、使用者にとっての使いやすさということであり、また、事故や失敗を防ぐ安全への配慮の必要性ということであって、どんな人工物の設計においても必要なことであり、とりたてて問題にすることではないようにも思われる。にもかかわらずこうした原則が特徴をもつのは、そうした使いやすさや安全の配慮が問題になるときに「誰にとってか」という問いが明確に立てられているからである。多くの場合、使いやすさや安全性という場合、平均的な健常者（多くは若い男性）が暗黙の前提になっている。そのために、使いやすさや安全性が考慮された人工物が設計され、製造されても、結果的には、健常者の部類に属さない人にとっては、使いやすくなく、必ずしも安全ではないものが作られることになる場合が生じる。そしてそのために、そうした人にとってはかえって「障害」（バリアー）が生み出され、ひいては、そうした人は社会のなかで「傷害者」という位置におかれることになる。

このような観点から見ると、原則の1と2が際立って「ユニバーサルデザイン」の特徴を示しているといえるだろう。原則の1「利用における公平性」によって、どんな人にとっても使いやすく安全であるということが求められている。

ただし、ひとつのデザインによってすべての人に対応することは困難であるので、原則の2によって、ひとつの使い方に限定されない多様性を供与し、さまざまな選択肢を提供する重要性が強調されている。

b　多様性、プロセス性、使用者の参加

デザインがユニバーサルであるということは、あくまでも、できるだけ多様な利用者を考慮に入れてあるということであり、決してひとつのデザインで誰でもが利用しやすいものが作れるということを意味しているわけではない。したがって、このデザインにとっては、作られたものが利用者による多様な選択を許す柔軟性をもつことが不可欠となる。たとえば、障害をもつ子にももたない子にも楽

しめるような設計になっている遊び場、あるいは、利用者の身体能力に合わせてマウスやキーボードの操作方法をカスタマイズできるパソコンのOSなどがその例としてあげられる（ストーリー　二〇〇三、一四〇）。

しかし実際にはどれだけの多様性ないし柔軟性を用意すればよいかを設計者があらかじめ考慮しつくすことは無理なので、この要請は、一度に満たすことは不可能である、したがって、ユニバーサルデザインはいつも出来上がった状態に満足することはできず、既存のものよりもさらに「ユニバーサル」なものへ向かって先に進む過程にあることを避けられない。そしてこの過程を進めていくには、設計者の活動のみではなく、実際の製品を利用する使用者の参加が不可欠となる。こうして、ユニバーサルデザインの理念には、すべての人に対して、という要請とともに、すべての人によって、という要請も含まれることになる。このような意味で、ユニバーサルデザインは「民主主義」の理念を内在しているデザインだということになる。だからこそ、ユニバーサルデザインは「思想を帯びたテクノロジー」（石川　一九九九、七四）と呼ばれたりすることになる。

それではこの「思想を帯びたテクノロジー」の思想は「共生のための哲学」と呼んでよいようなものなのだろうか。もしその思想を「共生」と呼んでよいとするなら、その「共生」という言葉の内実を作っているのはどのようなことであろうか。「共生」を実現するうえで、ユニバーサルデザインにはどのような特徴と問題が含まれているのだろうか。

文献

ドン・アイディ／中村雅之訳（二〇〇一）「技術と予測が陥る困難」『思想』九二六号
石川准（一九九九）「障害、テクノロジー、アイデンティティ」、石川准・長瀬修編『障害学への招待――社会、文化、ディスアビリティ』（明石書店）
モーリー・フォレット・ストーリー／市川陽子訳（二〇〇三）「ユニバーサルデザインの原則」、梶本久夫監修『ユニバーサルデザイン　ハンドブック』（丸善）
エドワード・テナー／山口剛・粥川準二訳（一九九九）『逆襲するテクノロジー――なぜ科学技術は人間を裏切るのか』（早川書房）

第1部　社会構成主義の可能性

第1章　社会構成主義と技術文化の民主化——予防原則の役割

ウィーベ・バイカー（夏目賢一訳）

今夜は、技術文化を民主化していくための論拠と、そのアプローチについて発表しようと思います。（スライド①）この論拠とアプローチについては、ナノテクノロジーの議論とともに論じます。そして、そのナノテクノロジーのリスクを民主的に取り扱うという問題を論じます。ここで私は、完成した哲学的体系を与えることはいたしません。それは皆さま哲学者の仕事です。村田先生から紹介がありましたように、私は実証研究をおこなう一介の技術者であり、社会学者にすぎません。これらはミクロな研究です。とはいえ、今夜、私が説明するように、私がマクロの問題を講演するときにも、多く用いるようになってきているものです。

この問題を大きく三つのステップに分けて論じようと思います。まずは比較的簡潔に（そして主な理由としては、よくできた図式をご覧いただきたいので）社会構成主義に焦点をしぼります。（スライド②）次に、脆弱性の問題を提起します。そして最後に、STS研究者（科学技術社会論の学者や研究者たち、私はSTSに技術の哲学者を含めて考えています）がこういった問題を扱う際にやるであろうと思われる方法で例証しようと思います。私が論じようと思っている具体的なケースとはナノテ

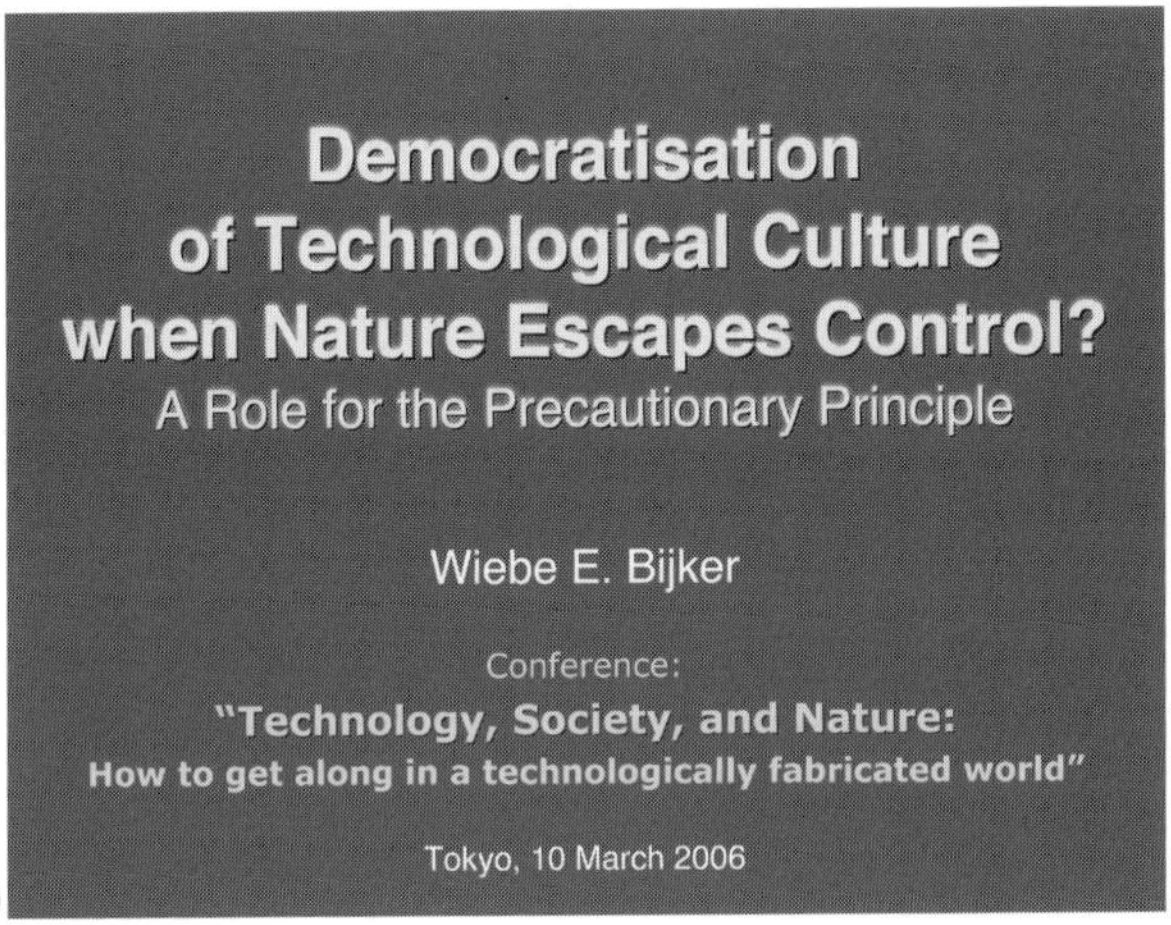
Democratisation
of Technological Culture
when Nature Escapes Control?
A Role for the Precautionary Principle
Wiebe E. Bijker
Conference:
"Technology, Society, and Nature:
How to get along in a technologically fabricated world"
Tokyo, 10 March 2006

①

自然が人間のコントロールから逸脱する時代の「技術文化の民主化」
予防原則の役割
ウィーベ・バイカー
UTCP 国際ワークショップ
「共生のための技術哲学」
2006年３月10日、東京

クノロジーのことで、私が議長をつとめているオランダ政府の委員会の話から報告しようと思います。この委員会は二年間にわたって、ナノテクノロジーのリスクとベネフィットについて、オランダ政府への報告を準備してきました。そして、オランダ政府に対してこれらの問題を取り扱うための特別な方法を提案するうえで、予防原則を採用したい、ということに決定いたしました。その報告書は来月に出されることになっており、そのため私にとって、これは国際的なテストのようなものとなっています。（このレポートは、英訳される予定です。）

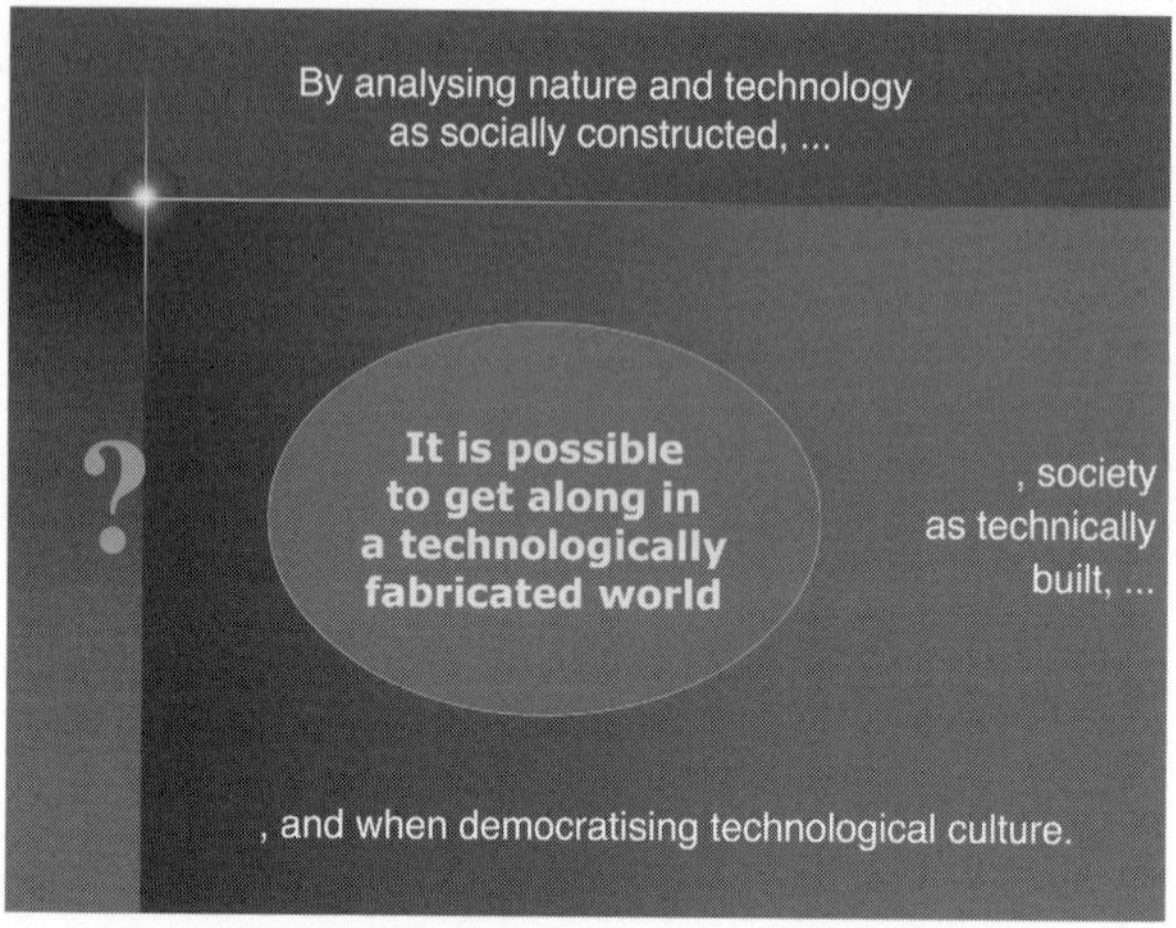
By analysing nature and technology
as socially constructed, ...
?
It is possible
to get along in
a technologically
fabricated world
, society
as technically
built, ...
, and when democratising technological culture.

②

自然と技術を社会的に構成されたものとして分析すると……、
そしてまた、社会を技術的に組み立てられたものとして分析すると……、
さらには、技術文化を民主化していていくならば、
「技術によって形成された世界のなかで、その技術と共生していくことは可能である」か？

1　技術の社会構成主義的な研究と解釈の柔軟性

最初のステップは社会構成主義です。ほとんどの方はその図式をご存知だと思いますので、簡単にまとめるだけにしましょう。その図式はスライドの左からはじまります。（スライド③）もし技術を分析したいと思えば、関連する社会集団を最初に特定し、次にそれら関連する社会集団の目を通して、その特殊な技術を記述することです。これは、オーディナリー自転車のケースです。オーディナリー自転車とは、一八七〇年代に特にイギリスで用いられた車輪の大きな自転車のことです。例えば女性の目からこの自転車を記述するとき、それは安全ではない自転車に

③
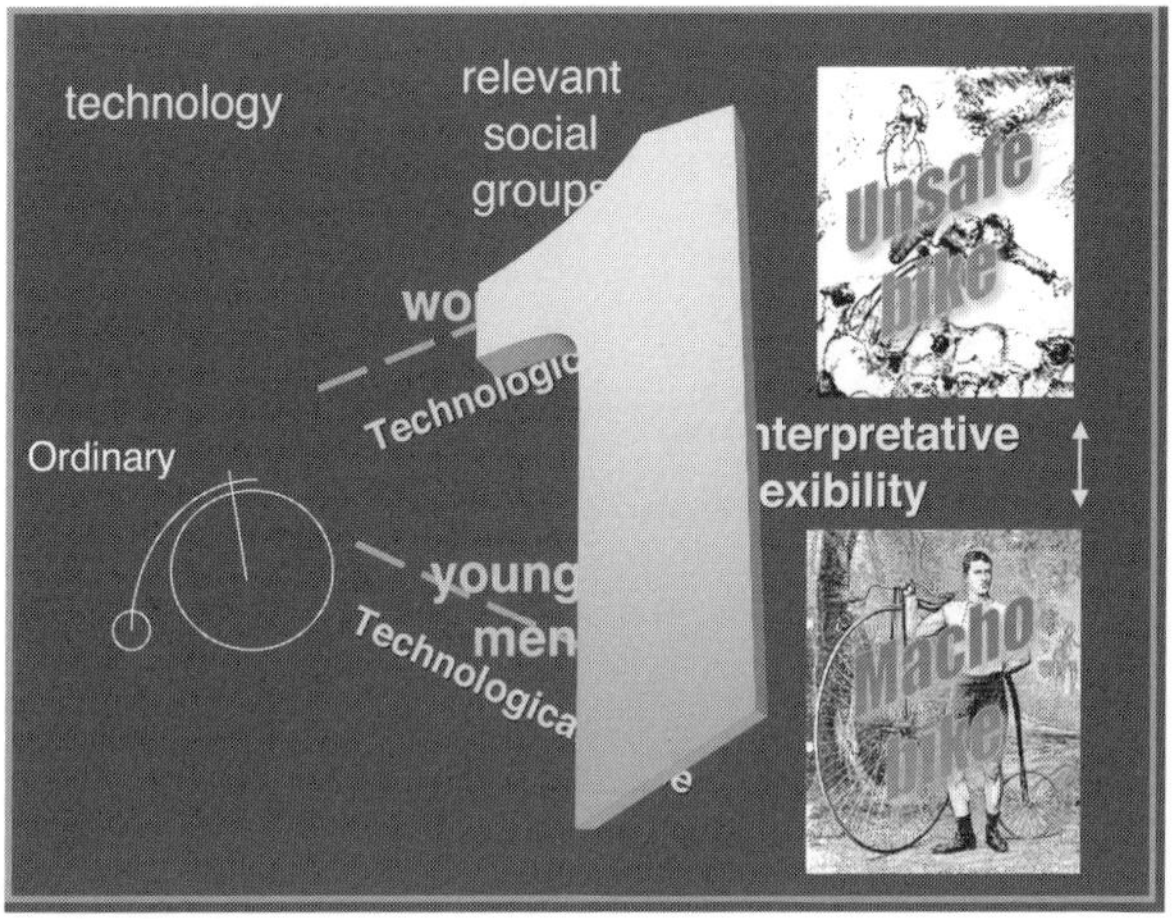

第１部　技術：　　オーディナリー自転車

↙　↘

関連する社会集団：女性（技術フレーム）　若い男性（技術フレーム）

↙　↘

安全ではない自転車　⇔　マッチョ・バイク

解釈の柔軟性

見えます。もう少し大きな図をご覧に入れましょう。（スライド④）これは、乗っている人がとても転びやすいので、安全ではありません。この図では、道にまさしく羊の群れがいますが、羊の群れである必要はありません。石や小さな穴で十分です。一八七〇年のイギリスの道には石ころや穴がごろごろありました！「危険なマシーン」ですよね。危険なマシーンであるだけでなく、まったくばかげたマシーンです。レオナルド・ダ・ヴィンチが四〇〇年も前にすでに、今この建物の外にも立てかけてある、チェーンで後輪が駆動する比較的小さな同じサイズの二つの車輪をもった自転車をデザインしているのです。材料はそろっていました。それではなぜ、こんな奇抜で、大きな車輪の、とても危険で、公平に見ても本当に使えないマシーンがつくられたのでしょうか?

この「安全ではない自転車」は、あなたが女性や私のような年配者の目を通して記述するときに見えている人工物なのです。私は、この自転車にチャレンジしてみました。実際に、それに乗ることはできましたが、それは全身のあらゆるところにあざや傷ができるほどの、たくさんの練習をしたあとのことであって、ブルーノ・ラトゥールといっしょにおこなった講義のあいだのたった一度の午後のサイクリングのおかげで、そのあと二週間も痛みが続いたのです。

このような記述はあなたが女性や年配者の目を通して技術を記述するときに得るものなのです。しかし、もしあなたが、その自転車を実際に使った、若く、たくましく、そして比較的裕福な男性の目を通して見るとすれば、まったく違った自転車が見えてきます。あなたには、「マッチョ・バイク」が見えてきます。(スライド⑤)あなたは、とてもうまく機能する自転車、乗ることに実際に危険をともなうものだからこそ、これはそう、うまく機能しているといえる自転車が見えてきます。日曜日の昼下がりのハイド・パークで、自転車に乗って女友達に感銘を与えたいと願うなら、少しばかり危険なもののほうがいいでしょうし、そうでなければ、なんの感銘も与えることはできません。このように、危険で転びやすい自転車のまわりには、それを取り巻く文化が存在するのです。転び方にもいろいろな作法があり、いろいろな名前がつけられました。例えば「皇帝の落馬(the Imperial Cropper)」というもので、それは、転ぶときに宙返りをし、自転車が草むらに消えていくときに自分は道端に軽やかに立つ、というものでした。

ここに、ハンバー社の広告があります。ハンバー社は、これらの自転車を製造した会社で、この広

④

「安全ではない自転車」は、機能しない

⑤

「マッチョ・バイク」は、よく機能する！

告に顧客からの手紙を掲載しています。その顧客が言うには、「ハンバー様、私は一年半前に買った自転車にとても満足しています。なぜなら、六九回も転んだのに、塗装に傷一つついていないからです。」つまり、彼は転んでしまうことに不満を言っているわけではないのです。そうではなく、とてもうまく転んだこと、塗装が傷つかないほどうまい転倒ができたことについて、ハンバー社を賞賛したのです。それがまだピカピカで美しく真っ赤なままだ、というふうに。すなわち、リスクと転倒をとりまく独特の文化がここにはあるのです。この文化のなかでは、その人工物「マッチョ・バイク」は、とてもよく機能しますが、「安全でない自転車」としては機能していないのです。

社会学者のヴィヴァール・バンクがおこなったことは、オーディナリー自転車を二つの異なる自転車に脱構築することでした。私は解釈の柔軟性を用いて説明をしました。この解釈の柔軟性については、先に村田先生も触れたとおりです。解釈の柔軟性については、後のスライドでもう一度触れます。しかし、まだ社会構成主義について語っていないので、これについて語っておきましょう。私は何よりもまず、社会学者として自分の研究を整えてきました。一つの自転車を脱構築しました。そして、そこには問題があることを示しました。解釈の柔軟性があることを示しました。そして、なぜこれらの自転車のなかで一つのものが支配的になり、社会的に構成されるようになったのかを説明しなければいけないことを示しました。皆さんは、例の「安全でない自転車」こそが、ある時点で優勢となることによって社会的に構築され、いったんそれが支配的になると、技術者たちはその安全性の欠如を埋めるよう刺激を受けるのだということをおわかりになるでしょう。車輪が小さくなり、ブレーキがつくようになり、などなど。マッチョ・バイクが勝ち組になっていたなら、車輪は、ある程度までどんどん大きくなっていたことでしょう。実際に私は、文字通りサドルによじ登るために階段が必要なほど、車輪が大きくなったものの図版を（ここにはありませんが）持っています。しかし、それはサーカスの中だけで使えるようなもので、ちょっとバカらしいものですが。

技術の社会構成主義の次のステップは、これらのマシーンが構成されるときに社会のなかで起こることを追跡することです。これは、技術フレームという概念を用いておこなわれます。今は、それについて多くを語らないことにします。まずは、トマス・クーンのパラダイムを考えてみてください。違いはありますが、パラダイムについて考えることで、技術フレームとはいかなるものか、おおまかなアイデアをもつことができます。技術フレームとは、安全ではない自転車やマッチョ・バイクの社会的構成を記述するものなのです。

技術は、そのデザインだけにとどまらず、社会的に構成されるのだということが、とりあえずここでの結論です。（スライド⑥）ほとんどの人は、日本車のデザインがアメリカ車のデザインとは違うことや、社会的・経済的背景からその違いが説明できることを認めるでしょう。性差においてもそうです。ほとんどの人は、最初のポイントとほとんど変わりませんが、男性用と女性用とにデザインするのでは、異なるスタイルのデザインが生み出されることを認めるでしょう。そして、私の議論していることは、機械が機能するかどうかということさえもが社会的に構成されるということなのです。第二のポイントは、この構成のプロセスが永続するということです。それは、工場や設計図の上でだけに限定されることではないのです。それは、ユーザーのあいだでも継続していくのです。アンチ・ユーザーのあいだですら継続していくのです。前述の自転車に反対する人たちは、一九世紀末になされ

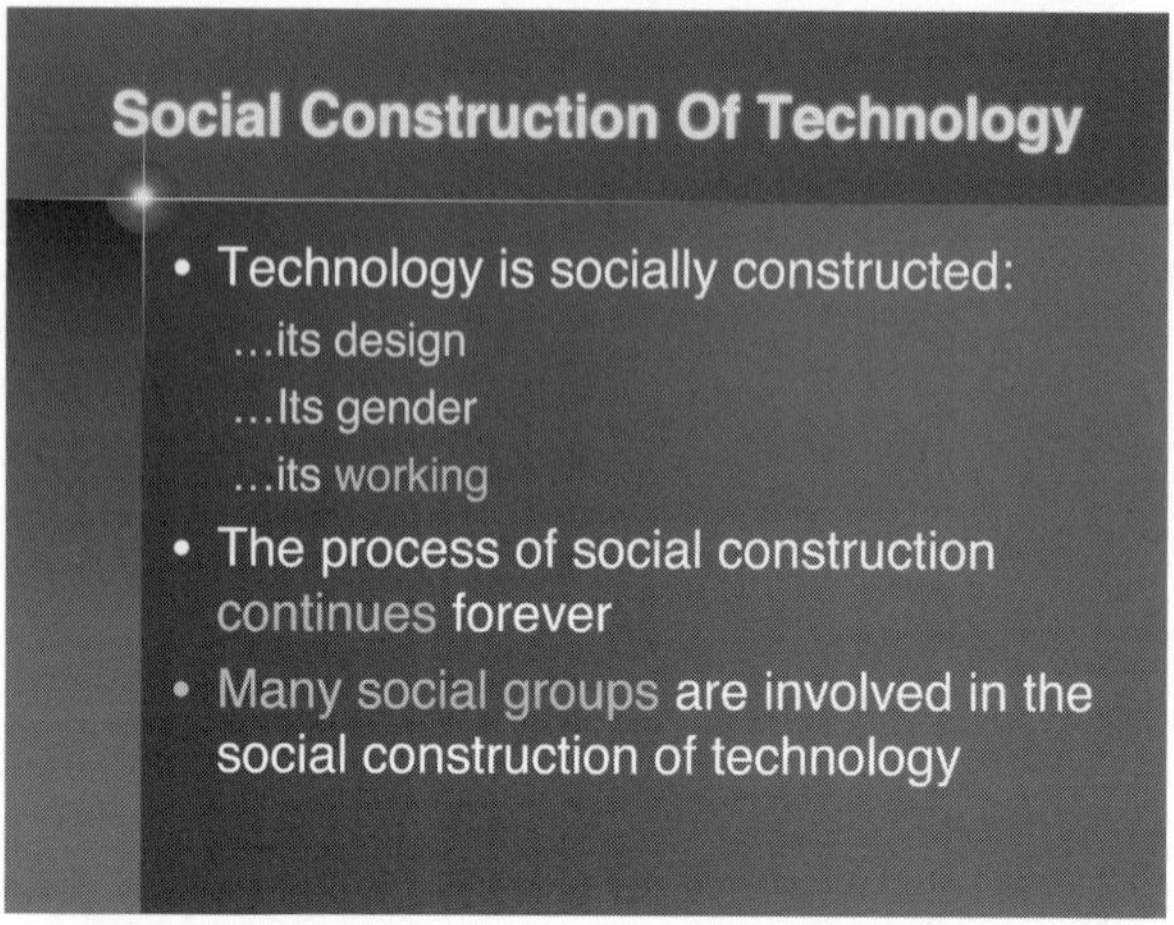
Social Construction Of Technology
• Technology is socially constructed:
…its design
…Its gender
…its working
• The process of social construction continues forever
• Many social groups are involved in the social construction of technology

⑥

・技術は社会的に構成される
……デザイン、性差、機能においても
・社会構成のプロセスは永続する
・社会的なグループの多くが、技術の社会構成のなかに含まれる

た自転車のアイデンティティの確立において、重要な役割を果たしました。これが最後のポイントです。社会的なグループの多くとは、時間的にだけでなく、社会的にも拡張されたもので、その多くの社会的なグループには、技術者や営業だけでなく、ユーザーや、患者、アンチ・ユーザーなども含まれます。

簡単な方法論的道具に言及しておきます。村田先生がすでにそれについて述べられました。そこでは「解釈の柔軟性」がキー・コンセプトとなります。（スライド⑦）この解釈の柔軟性の概念は、現在のSTS研究のすべてにおいてもキー・コンセプトであることを述べたいと思います。狭い意味で社会的に構成される技術であろうと、そうではなかろうと、アクター・ネットワーク理論や科学的知識の社会学などにおいて

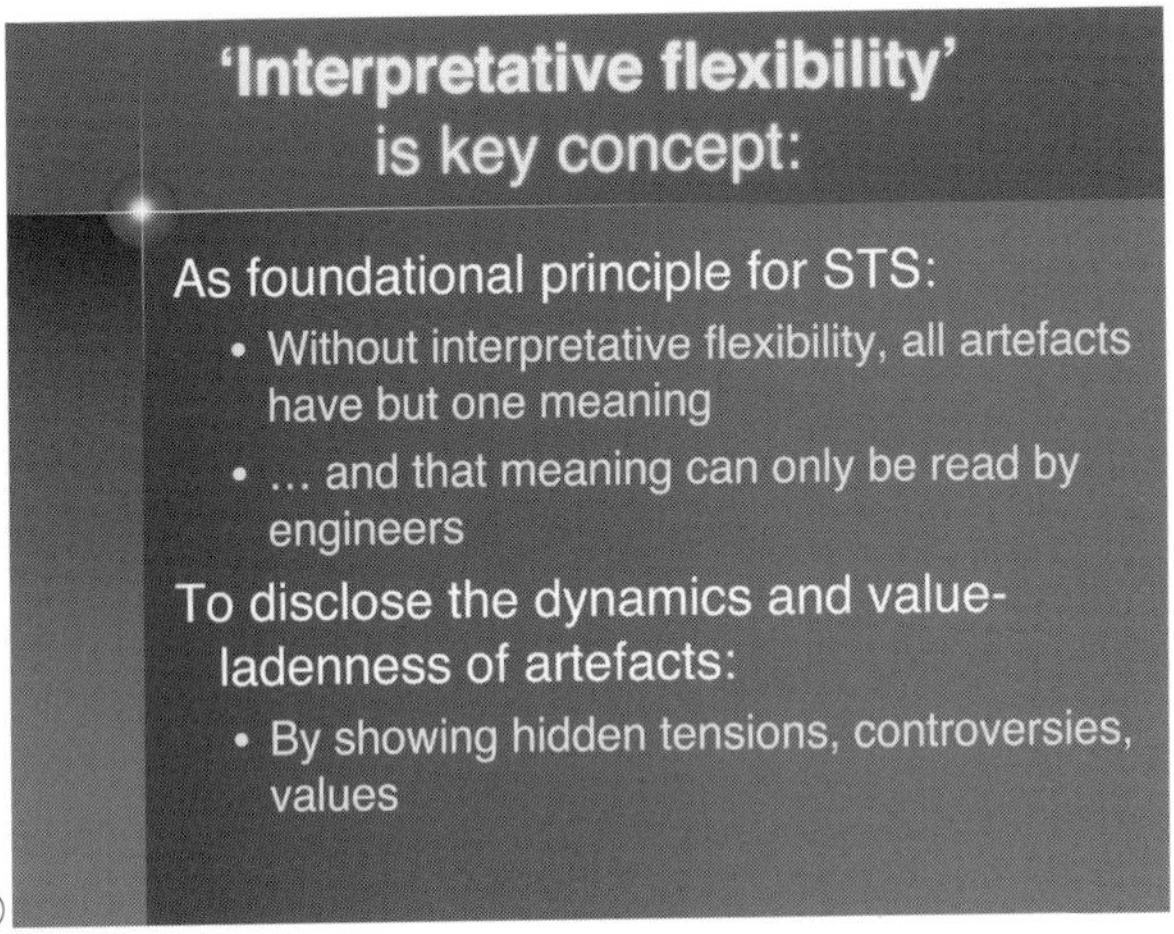
'Interpretative flexibility' is key concept:
As foundational principle for STS:
• Without interpretative flexibility, all artefacts have but one meaning
• … and that meaning can only be read by engineers
To disclose the dynamics and value-ladenness of artefacts:
• By showing hidden tensions, controversies, values
⑦

「解釈の柔軟性」がキー・コンセプト
STSの根本原理として
・解釈の柔軟性がなければ、すべての人工物は一つの意味しかもたない
・そして、その意味は技術者によってのみ読解される
人工物のダイナミクスと価値負荷性を明らかにするためには
・隠された緊張状態、論争、諸価値に目を向けることで

もです。それには、二つの理由があります。第一に、それは、根本原理のようなものだからです。なぜなら、この解釈の柔軟性がなければ、あらゆる人工物は（むしろ、工学よりも理学について語るときに、同じことが効力を発揮します）一つの意味しかもたないだろうからです。人工物が一つの意味しかもたないとすれば、明らかに技術者だけが技術について語ることができることになります。社会学者も、技術の哲学者も、歴史学者も、ある意味で蚊帳の外にいることになります。解釈の柔軟性を例証できるからこそ、技術についての研究が私たちの仕事になるのです。そういった意味で、解釈の柔軟性とは技術の社会的哲学的研究にとって

根本的な概念だと思います。

まったく異なるのですが、このワークショップの中心的な課題にとても近い議論として、解釈の柔軟性が技術の発展のダイナミクスについて例証するだけでなく、どのように人工物が価値付加的であるかということについて例証する助けになるという議論があります。それは、技術のデザインに入り込んだ暗黙の価値や規範を明らかにする助けになります。私たちは、明日あさってと続く発表のなかで、本当に多くの事例を手にすることになるでしょう。

さて、この話題を広げていくことにしましょう。もしあなたが自分の仕事をきちんとおこない、ミクロ研究をきちんとおこなうとすれば、そしてもしそこにあるすべての細部（例えば、この場合は自転車）に、本当に目を行き届かせるとすれば、その人工物がおかれている文化的状況すべてに、基本的には目を向けることになります。花開く文化の大部分に目を向けることになります。例えば、例の自転車のケース・スタディでは、女性の解放という全体的問題（それは、当時のイギリスで重要な問題でした）に目を向けることです。皆さんにご覧いただきたい図版が二つあります。これは当時の絵で、「過去の車輪と未来の車輪」という原題がついています。（スライド⑧）上の車輪は糸車です。糸車の後ろにいる女性は、ヴィクトリア時代のとても伝統的なドレスを身にまとっています。下の車輪は明らかに自転車で、恐ろしいことに、この女性はスカートすらはいていません。当時、ズボンをはくことは本当に攻撃的なことだったのです。

私がこれをお見せした理由は、この画家（私はその人は「彼」だと思います）があきらかに自転車が女性解放の象徴であると考えていたためです。これは、隠されたメッセージなのです。このメッセ

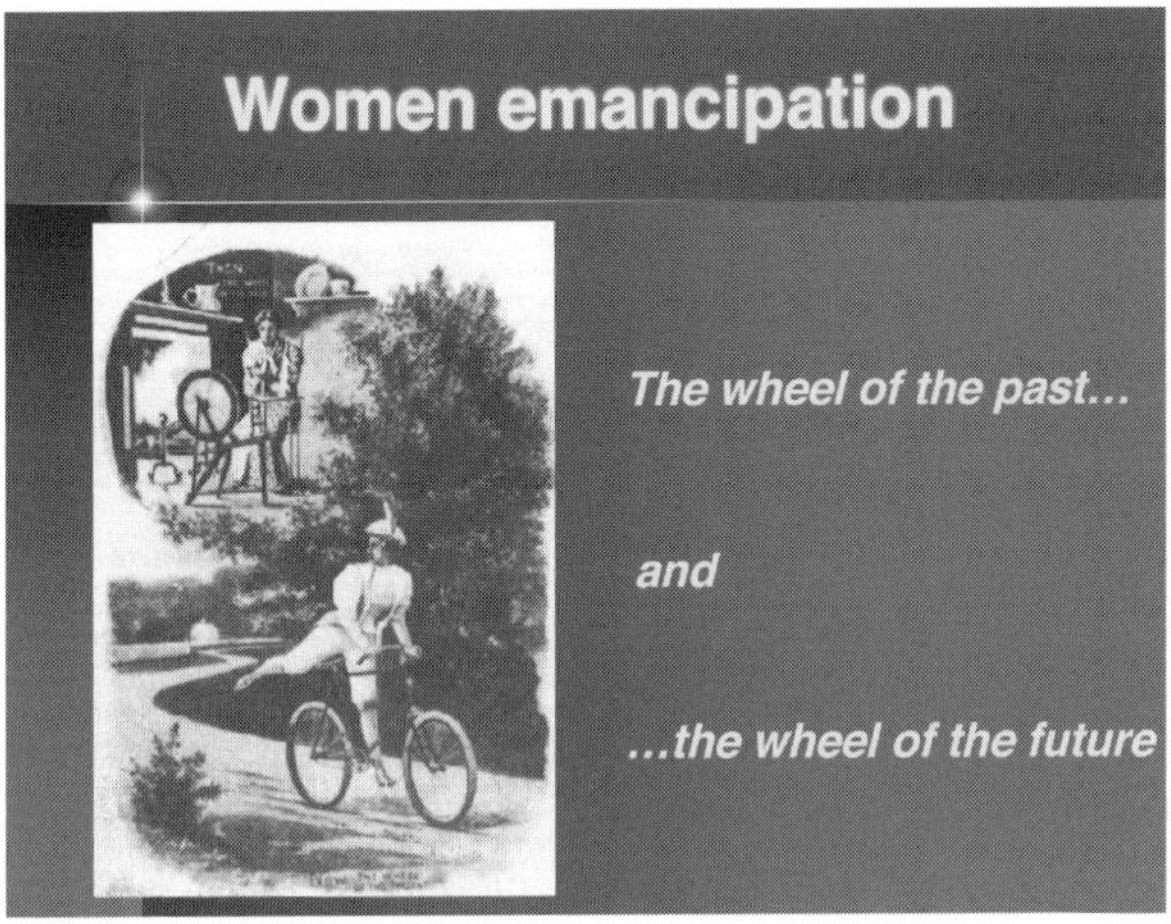

⑧

女性解放
過去の車輪と未来の車輪

⑨

「夕食は六時にしましょうか？」

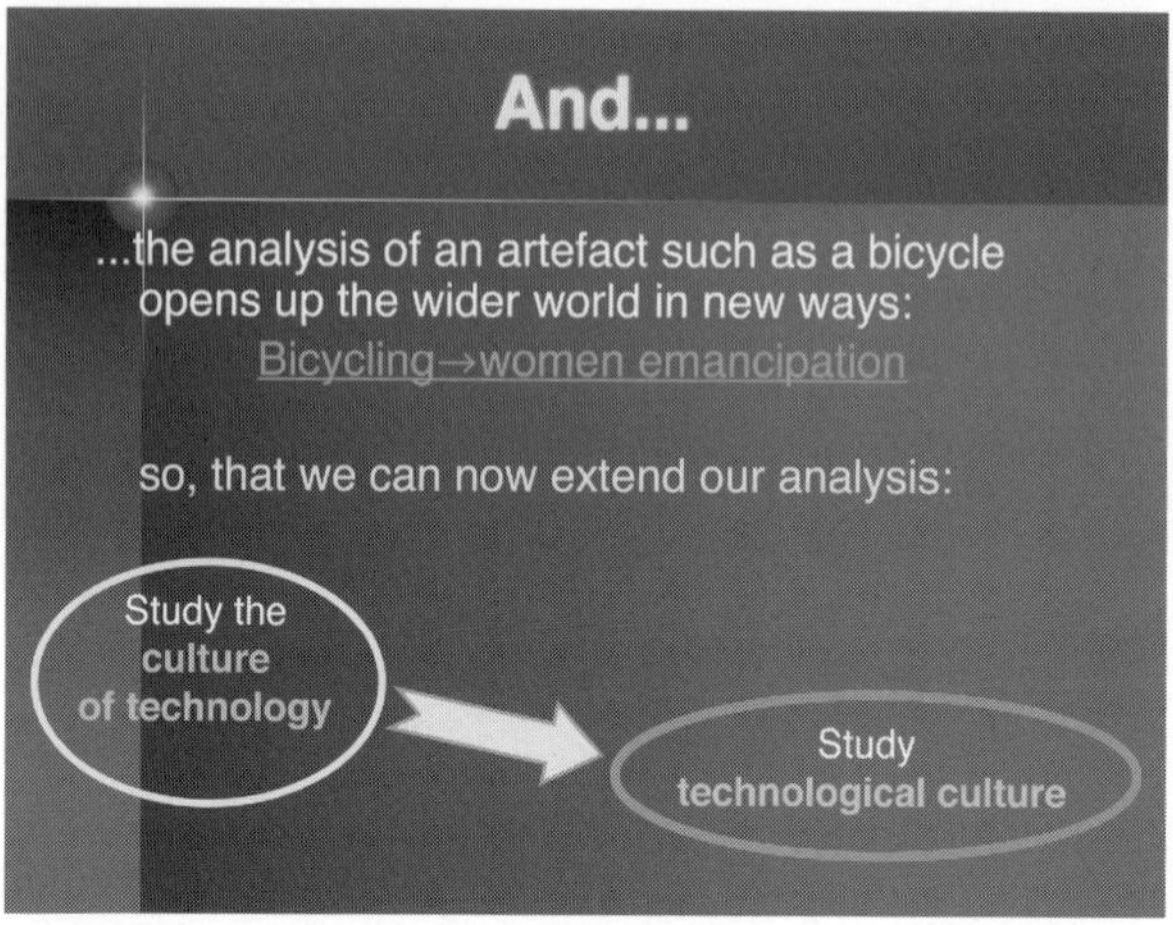
And...
...the analysis of an artefact such as a bicycle opens up the wider world in new ways:
Bicycling→women emancipation
so, that we can now extend our analysis:
Study the culture of technology
Study technological culture

⑩

そして……
自転車のような人工物の分析が、新しい方法でより広い世界を切り開く

自転車　→　女性解放

このように、これから私たちは分析を広げていくことができるのだ

技術の属する文化の研究　→　技術文化の研究

ージのために、彼は自転車を用いたのです。もちろん彼は、読者のほとんどが、そのように受け取るだろうとわかっていてそうしているのです。そうでなければ、この絵をつくることは意味がないでしょう。つまりこの絵は、当時自転車が女性の解放や地位向上、自由を表わし、そして鎖をかなぐり捨てること（例えば、家事という鎖をかなぐり捨てること）を表わすものであったことを示しているのです。自転車で家を出るときに「夕食は六時にしましょうか？」と母親が父親にたずねています。（スライド⑨）父親はここでは洗濯をしています。私は、昔の日本の洗濯の仕方を知りませんが、ヨーロッパではこのようにやっていました。

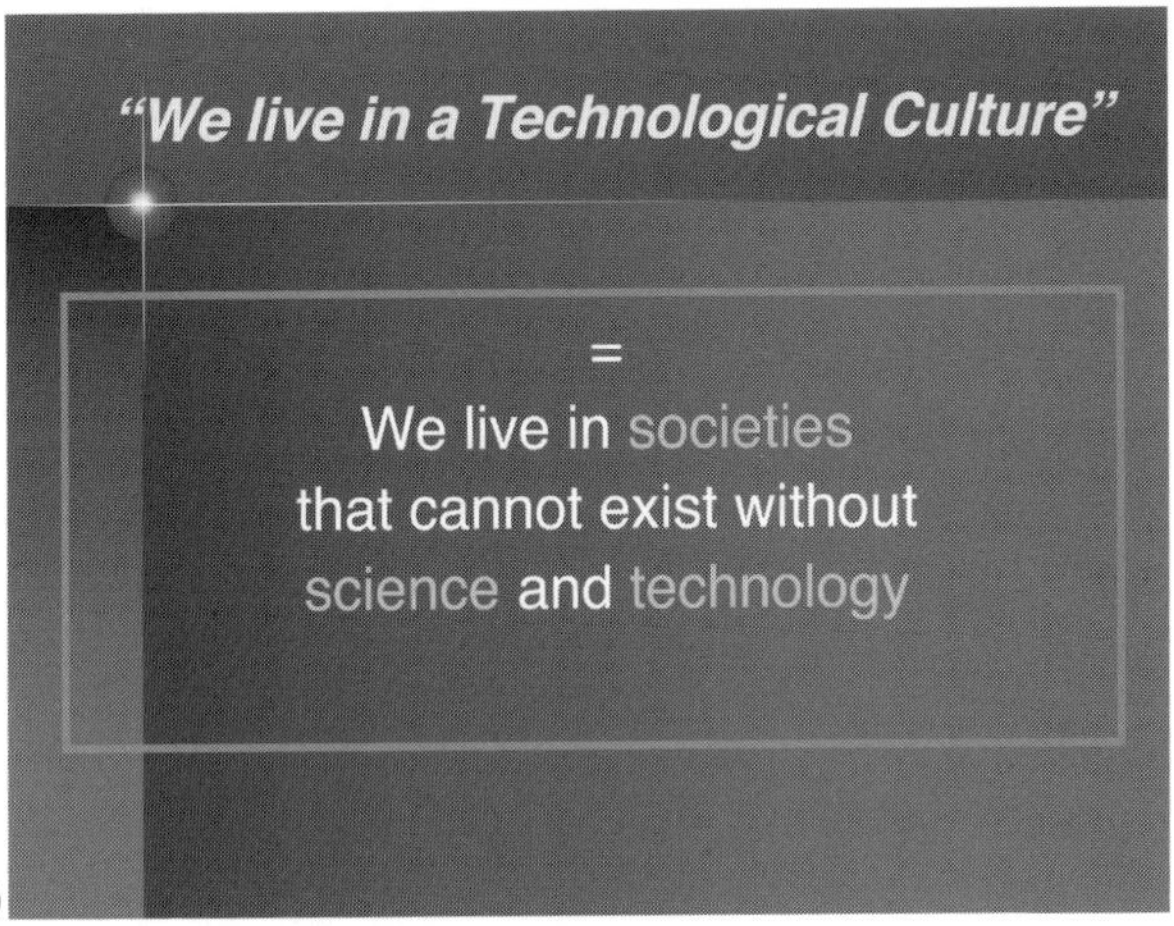
"We live in a Technological Culture"
=
We live in societies
that cannot exist without
science and technology

⑪

「私たちは技術文化を生きている」
＝私たちは、科学技術なしには存在しえない社会に生きている

金属の小さな板で衣服をこするのです。二人の女の子（私は、この子たちは女の子だと思います。なぜなら、髪を結っているからです）が遊んでいます。しかし人形で遊んでいるのではありません。この絵には、彼女たちはある種のへんてこな技術発明品で遊んでいるところです、といううまい脚注がついています。

ポイントは、ミクロ研究をうまく進めることで、技術の属する文化（私がこれまで語ってきたことなら、自転車の文化）を研究することから技術文化の研究へと分析を広げていくことが可能だということです。（スライド⑩）それは、基本的に現代社会のすべてにおいて言えることです。私たちは技術文化を生きているのです。これは、私たちが科学技術なしには存在しえない社会に生きていることを意味します。（スライド⑪）このように言う場合でも、自然科学者や技術者の同僚と話すときと人文社会科学の同僚と話すときとでは、結果

はかなり違います。人文社会科学に対しては、私は、科学技術の役割を理解することなく社会を理解することは望めないのだと言うでしょう。二〇〇年前ならいざしらず、現代社会だということを忘れていると。技術者たちには、科学や技術システムの社会的役割を理解しなければ、科学を応用したり機能する技術システムを構築したりすることは望めないと言っています。社会的役割への理解なしに科学技術システムを構築することは試すことができたとしても、そのような特異なシステムは故障してしまうだろうということは、かなり確かなことですよね。以上が私の社会構成主義の紹介であり、まとめでした。ミクロ研究から技術文化について語ることへと話題を広げていくことで話を締めくくりました。次に第二のポイントに移りたいと思います。

2　脆弱性

技術文化に関する大きな問題を三つの題目に分割することにします。最初の題目は（それをここでは論じませんが）とても広い視野に立った発展というものです。これはアフリカ社会の発展だけでなく、オランダや日本の発展も含むものです。これらの文化はすべて発展中であり、それはとても大きな問題ではありますが、今ここでの私の話題ではありません。脆弱性が二つめの大きな問題です。（スライド⑫）脆弱性は素直に解釈すると、損害を与えること（人や建物への損害だけでなく、社会への損害も）というのが一般的ですが、それだけではなく、脆弱性をなんらかの肯定的なものとしてみること、そして学習する社会、そしてイノベーションというものを欲するなら、脆弱性が必要だという

⑫ 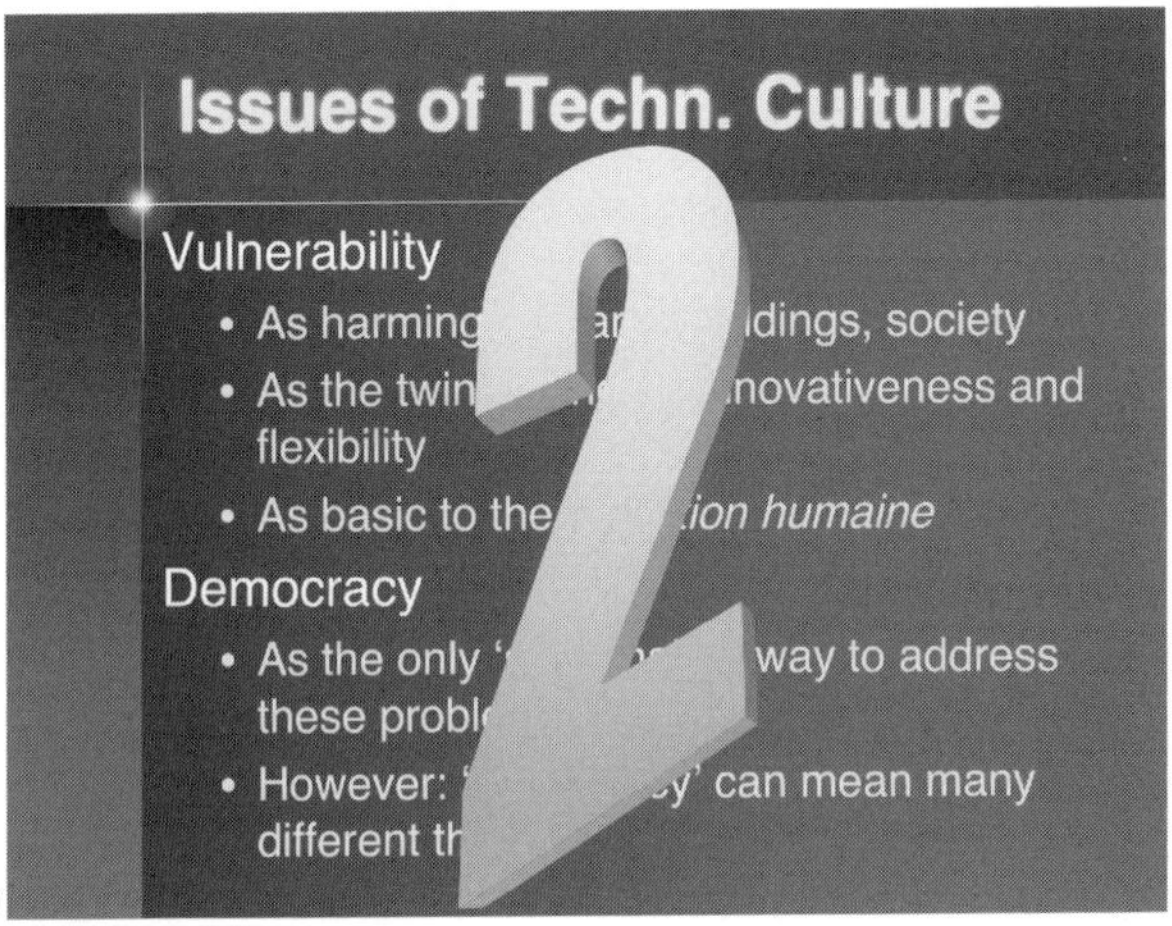
Issues of Techn. Culture
2
Vulnerability
• As harming
dings, society
• As the twin
novativeness and
flexibility
• As basic to the
tion humaine
Democracy
• As the only
way to address
these probl
• However:
y' can mean many
different th

第２部
技術文化に関する問題
脆弱性
・人や建物、社会に損害を与えるものとして
・イノベーションや柔軟性とともに生まれてくるものとして
・「人間性」の基礎として
民主化
・これらの問題をゆだねるただ一つの「持続可能な」方法として
・しかし、「民主主義」とは多くの異なることを意味しうる

ことを自覚することです。（ここでＳＴＳ的ひねりを入れるとすると、日本の政治については私はよくわかりませんが、少なくとも米国のブッシュ氏は、こういう見解を好まないでしょうね。）

かねてから、シュムペーターは新しいものをつくり上げるためには、ものを壊すことも必要だということを知っていました。脆弱性はイノベーションの一部であり、学習の一部であり、発展の一部です。それは、柔軟性の一部であり、外からやってくるある種の圧力に対処できるということなのです。いわば、脆弱性とは

「人間性」のとても基本的な資格の一つだといえます。脆弱性は、そうした意味で、これまで私が話してきたことと似た性質をもちます。脆弱性は科学技術に密着しています。私たちのまわりに見られるすべての脆弱性（そして、私はこの後すぐにいくつかの例を示しますが）は技術だけでなく科学とも関連しており、しかし私たちがその脆弱性から自分を守る必要のある二重の性格をもつものです。私たちはそれを制御したいと思うし、それと同時に私たちは、基本的に自分たちが全体主義的な社会にいるかのような完全な制御下にある社会をつくりたくはないのです。

　三つめの大きな問題は民主主義で、これは再びこのワークショップの核心に迫るものであり、私が招待されたことに幸せを感じているところでもあります。根本的に、これは、もう一つ別のとても深い意味をもつ言葉です。これはいくぶん一般的な言葉で言い直すと、なぜ私たちがこの民主主義の問題から抜け出せないのかということでもあります。民主主義について考えなければ、生態学的あるいは経済学的に持続可能という以上の、より包括的な意味での持続可能な社会をつくっていくことはできないでしょう。とはいえ、民主主義はただ一つしかないというような、この地球の反対側で何人もの政治家たちがはまっているような罠にはまってはいけません。民主主義は、とても多くの意味をもちうるものです。国家というレベルにおいてさえ、合衆国での民主主義の国家システムとオランダのそれとは絶対的に違うものです。それは日本のものとも違うと思います。もちろん、私たち技術哲学者やＳＴＳ研究者たちは民主主義にはさらにもっと多くの階層があることを知っています。これら他の階層については、明日はラングドン・ウィナーが、そしてその次の日にはアンドリュー・ライトとフィーンバーグが話してくれることでしょう。つまり、ホワイトハウスや下院が使うような民主主義

⑬
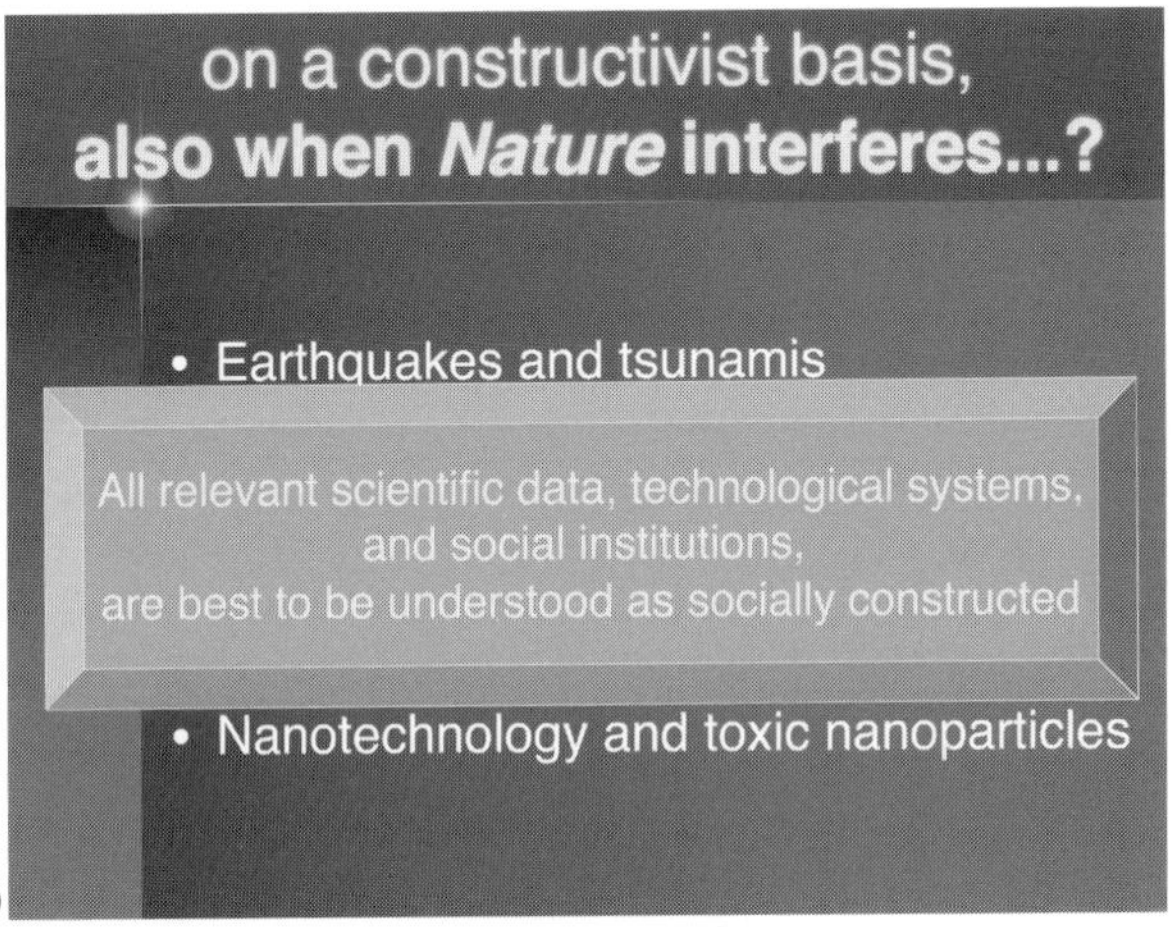
on a constructivist basis,
also when *Nature* interferes...?
• Earthquakes and tsunamis
All relevant scientific data, technological systems,
and social institutions,
are best to be understood as socially constructed
• Nanotechnology and toxic nanoparticles

構成主義の基礎に立つと、自然の介入があるときには……？
地震、津波、ナノテク、有毒なナノ粒子など
すべての関連する科学上のデータ、技術システム、社会制度は、
社会的に構成されるものとしてもっともよく理解されうる

の概念を用いずに、しかしやはり民主主義であるような、そういった民主主義の諸概念が存在するのです。私たちはそれらについて考える必要がありますし、技術や科学の分析を取り入れることで、それらについて考えることができるのです。

このハイド・パークの自転車よりも、もっと粗野で荒々しく、殺人的とも言える方法で自然が介入してきたらどうでしょう？　子供っぽい例でしょうか？　地震について話してみましょう。「洪水とハリケーン、原子力エネルギーと放射線、広島と長崎」について話してみましょう。（スライド⑬）私は物理学者です。私は、これら二つの戦争犯罪とともに育ち、まさにそのことが、物理学者である私がＳＴＳへと転向する動機の最初の一つとなりました。これら「洪水とハリケーン、原子力エネルギーと放射

線、広島と長崎」について話すとき、社会構成主義について話し続けることになんらかの意味があるでしょうか？　これらの例はむしろ、荒々しく自然が介入してくる例ですよね？　その答えは、イエスとノーです。私は、この粗野で荒々しい面や殺人的な性格を否定しているわけではありませんが、しかし、もし私たちが起こっていることを理解したいと思うならば、そしてこれらの問題に民主的で持続可能な方法で向き合いたいと思うならば、私たちには社会構成主義的考え方が必要なのです。

一つの例をあげましょう。それからナノテクノロジーのことに戻りたいと思います。ハリケーンと洪水の例です。私は、短い論文を書き上げたところです。その論文は、オランダとニューオーリンズとの海岸工学を比較しているもので、オランダでは水を締め出すことに成功しているのに、なぜニューオーリンズでは水が街を押し流し、一四〇〇人もの人を死に至らしめたのかという疑問に答えようとしたものです。この論文は『Social Studies of Science』誌上で出版される予定です。もちろんこれは、アメリカの工学がオランダほど賢くなかったからというのではありません。オランダよりむしろ賢かったのではないでしょうか。何か別のことが進行しているに違いないのです。それは、ハリケーンの規模がより大きかったから、というわけではありません。もちろんニューオーリンズのほうがハリケーンは大きく、彼らもそのことを知っていました。でも、それも説明としては妥当ではありません。

私は今ここで、それを細かくは語りません。一文でまとめようと思います。アメリカとオランダの海岸工学の伝統をていねいに比較してみると、その海岸工学のスタイルが、まったく異なるリスク概念をともなって発展してきたこと、そしてその異なるリスク概念がある種の異なるマネージメント手法、堤防そのもの、そして単なる堤防や技術以上のものを生み出していることがわかります。例えば法律においても同じことが言えます。オランダでは、それら堤防のリスクは国会において法的に定められてきました。他の方法でリスクを定めることは違法です。アメリカでは（そして実際に、それはほとんどの国に当てはまることですが）リスクの算定はある種の技術的なルールによって決まります。それに法律は関係ありません。それは工学というアカデミックな専門職内部のルールで決まることなのです。これは一例であり、この海岸工学内には他の例もあります。だからそう、ハリケーンは自然のものです。ハリケーンは殺人的なものです。ただ、もし私たちがハリケーンの影響について何かをしたいなら、再び社会構成主義的な分析が必要となるのです。これらの分析は隠されたものを明るみに出し、隠れた規範、すなわちなされた選択を明るみに出し、そしてそうした自然と取り組んでいく新しい方法をデザインするために必要なのです。だから私の先の問いに対する結論は、イエスであり、自然は科学的データや技術システムにおいても殺人的ですが、社会制度においても殺人的であり、もしそれらを理解したければ、構成主義的な方法でこそ、よりよい理解が可能になるのです。

この脆弱性を扱うにあたって、古い政策決定の考えは事実と価値とのあいだを明確に区別することに基づいて機能するものでした。（スライド⑭）科学者は事実を生産し、その事実を政治家に渡します。政治家はその事実になんらかの価値を加え、選択をおこないます。この区別はアメリカ技術評価局（OTA）の設立の基盤にあるものでした。これは（もちろん皆さん哲学者はご存知のことでしょうが）科学と技術の両方の標準的なイメージを基礎とするものであり、技術に対するリニアな見方を基盤としています。最初に科学があり、そしてその科学が技術に応用され〔これがリニアな見方〕、そしてその技術が社会に分配され、流通していくというものです。

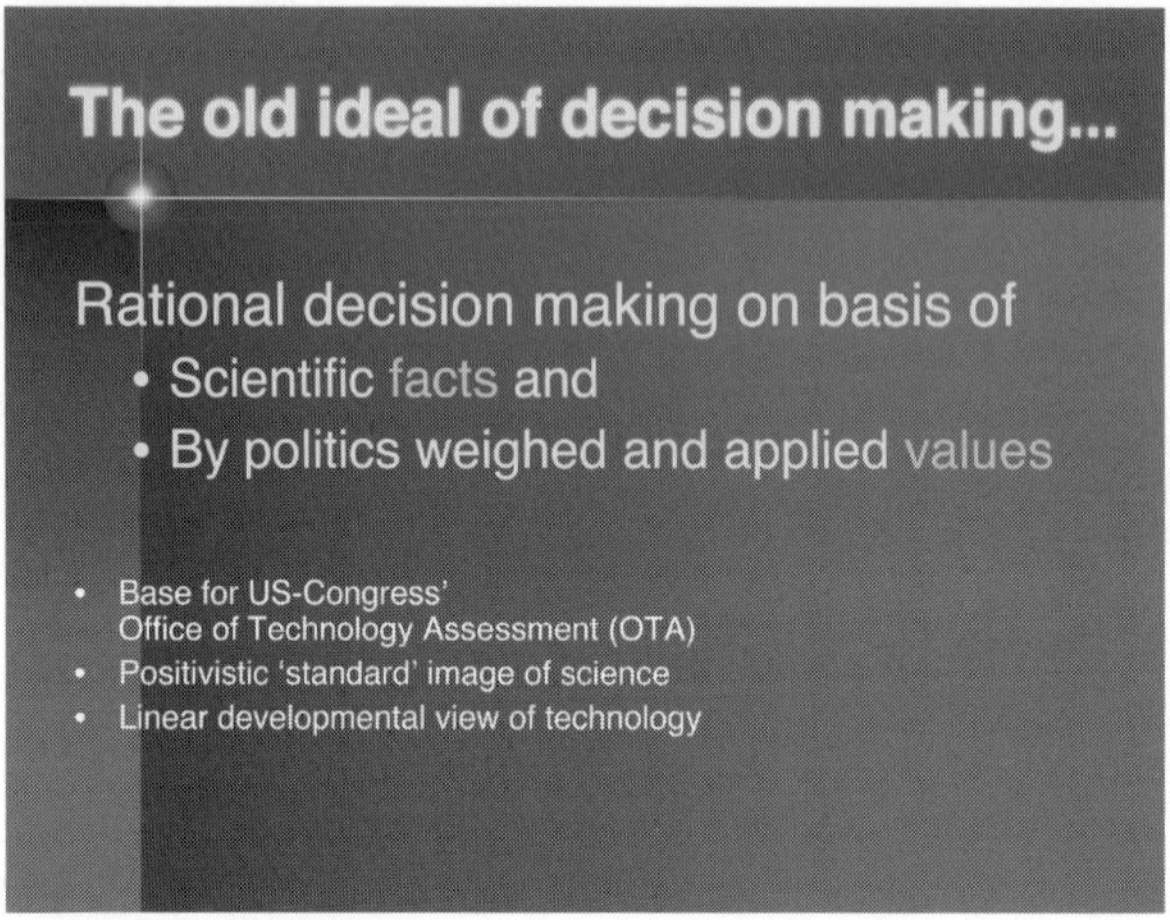
The old ideal of decision making...
Rational decision making on basis of
• Scientific facts and
• By politics weighed and applied values
• Base for US-Congress' Office of Technology Assessment (OTA)
• Positivistic 'standard' image of science
• Linear developmental view of technology

⑭

政策決定の古い理念……
次のことに基づく合理的政策決定
・科学的「事実」と
・政治的に評価されて加えられた「価値」
アメリカ技術評価局（OTA）の基盤
科学の実証主義的で「標準的な」イメージ
技術のリニアな発展観

この見方（事実と価値を明確に区別する考え）は妥当ではありません。（スライド⑮）妥当でないのは、経験的に言って不適当だからです。村田先生が言及され、また皆さんがよくご存知のミクロ研究からすると、この見方が単純に経験的に誤っているということが歴史学的にも社会学的にも示されています。そのようなものではないのです。世界は違うように動いているのです。次に、村田先生が趣旨説明でも触れたリスク社会（Risiko Gesellschaft）という概念は、意思決定について、先に述べた古いモデルとは別の手順や考え方を発展させる必要を生じさせています。ウルリッヒ・ベックは、細かくは語っていませんが、今のような方法で意

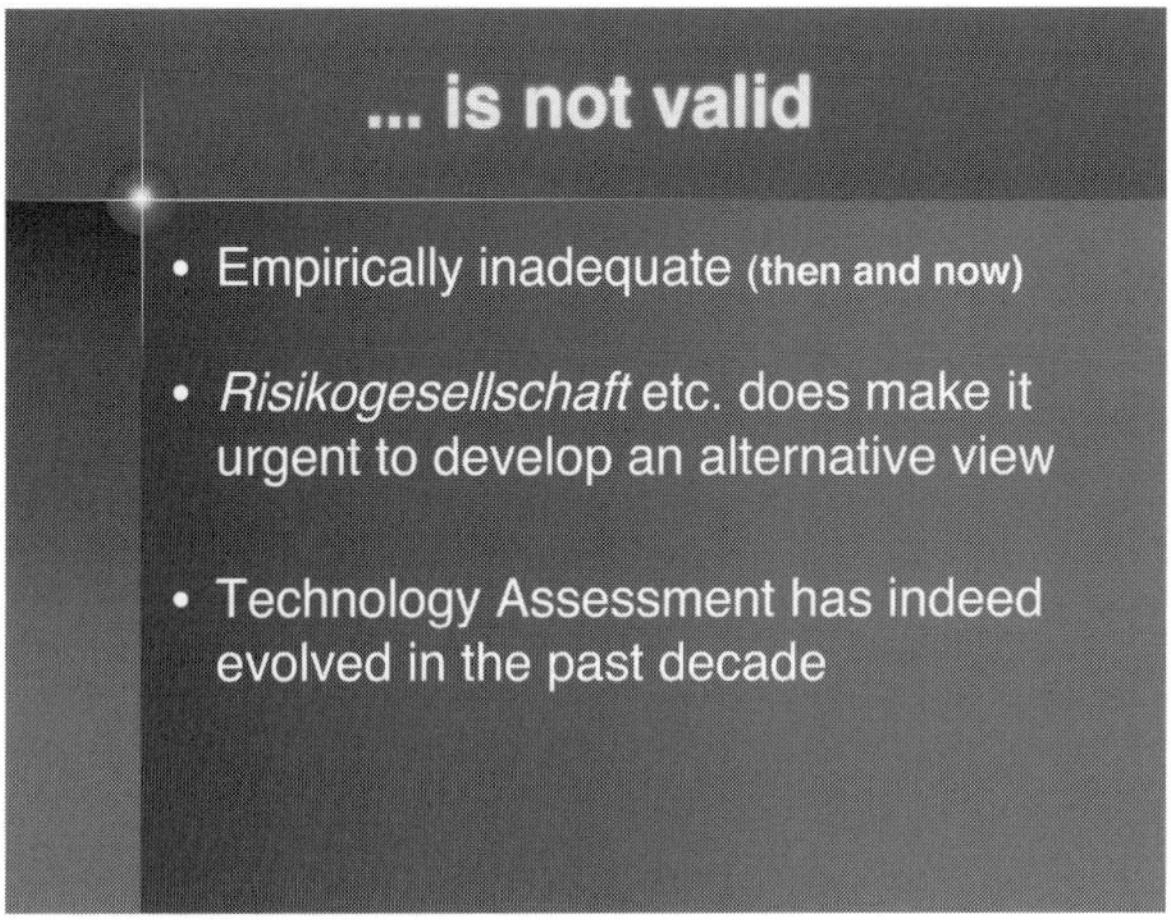
... is not valid
• Empirically inadequate (then and now)
• *Risikogesellschaft* etc. does make it urgent to develop an alternative view
• Technology Assessment has indeed evolved in the past decade

⑮

……それは妥当ではない
・経験的に言って不適当（当時も今も）
・「リスク社会」などは、それとは違う見方をすべきだと訴えている
・テクノロジー・アセスメントは、ここ10年、本当に進んできている

思決定の伝統的な見方に合わせながら、しかし私たちが自分たちのまわりにある現象のいくつかをとらえるサブ政治という概念を発展させました。最終的にテクノロジー・アセスメントは、私たちが今ではかなり素朴な方法だと呼ぶようなものから始まりましたが、実際には、それ自身オリジナルのリニアかつ素朴で合理主義的な概念からは遠く離れ、きわめて斬新的に発展しました。私はもっといろいろと議論することはできますが、おそらくそれは皆さんの多くが知るところだと思います。

これらの事態は、合理性に関する問題を提起するのでしょうか？　私はここに注意を喚起しておくにとどめます。なぜなら、このワークショップの最終セッションでこの問いに戻ってくるでしょうし、それに、合理性は少なくとも私たちが三〇年前に考

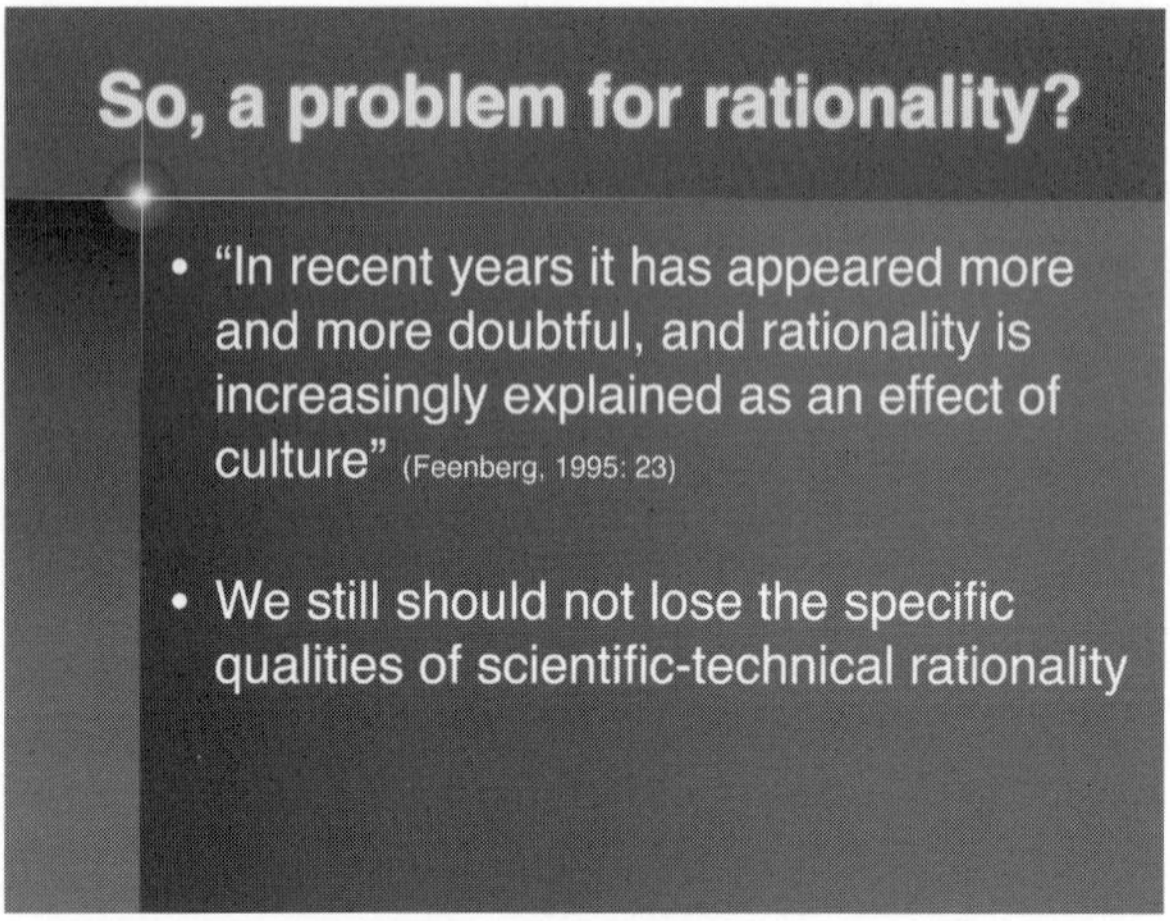
So, a problem for rationality?
• "In recent years it has appeared more and more doubtful, and rationality is increasingly explained as an effect of culture" (Feenberg, 1995: 23)
• We still should not lose the specific qualities of scientific-technical rationality

⑯

それでは、合理性についての問題とは？
・「近年、それはますます疑わしくなってきているようで、だんだん合理性が文化の影響で説明されるようになってきている」
・科学技術の合理性という特質は手放すべきではない

えていたものではなくなっているように思われるからです。アンドリュー・フィーンバーグの九五年の本からの引用が、そのことをよくとらえています。（スライド⑯）彼いわく、「近年、それはますます疑わしくなってきているようで、だんだん合理性が文化の影響で説明されるようになっている。」すなわち、合理性は凝り固まった、ギリシャ人や論理学者からお下がりで手に入れたようなものとしてではなく、そうではなく、それは文化のなかで生み出された何かであり、永遠、奥義、高遠、といったものを手放し、自らによって社会的／文化的に構築されるものになっているのです。

これは一つの観察の結果です。そして前のスライドでほのめかした結論〔古い意思決定のモデルが妥当ではなくなっていること〕でもあります。次の問題は、私たちがそれで幸せか？　ということです。私自身のことを話させてください。私は政治に関わる業務全体には、なんらかの科学的合理性が保たれていてほしいと思っています。もちろん彼らが私の本を読んでくれたら素晴らしいことですが、オランダの政治家たちには私の本を読んでほしくはないし、すべては相対主義的であって、それでなにも問題ないのだと決めつけてほしくはありません。「科学的合理性を忘れよう。彼ら社会学者たちが何でも構成できるのだから、エンジニアや科学者にはもう何も聞くことはしまい。」もし、このようなことが構成主義的研究の効果なのだとすれば、私たちは本当に深刻な問題を抱えることになります。それなら三〇年前のテクノクラートの時代のほうが、まだましです。

それでは、合理性に疑いがもたれることは問題なのでしょうか？　私たちは合理性が三〇年前に考えられていたような、素朴で論理的で、文脈から独立である性質をもち合わせてはいないことを見てきました。しかし私たちは、科学の専門家、そして技術の専門家が、ある特別な資質をもっていること、私たちがこの技術文化を営んでいこうとするなら、その特別な資質の必要性が非常に高いことを強く自覚しています。もちろん、私たちはテクノクラシーを望んではいません。ですので、私たちは自分たちの技術文化をすべてエンジニアたちに明け渡すというようなことはしません。しかし彼らを巻き込んでいたいのです。私たちはこのような事態をどのように運営すればよいのでしょう。どのように采配すればよいのでしょう。ある意味で、それは過去一〇年間の私の大きな問題でした。それはとても重苦しく聞こえます。それは私がやってきたことを見直してみること以上のことであり、私はこれが通底するテーマであると実感してきましたし、この講演の残りで追っていくことにおいても通底的なテーマになっていくでしょう。

では、この社会構成主義についてのちょっとした議論を終わらせるにあたって、規範的なスタンスを取ること、構成主義に基づく規範的で倫理的な討論において確固たる立場を取ることは可能でしょうか。(私はいまラングドン・ウィナーが提起した問題に答えようとしています。そして、村田先生が今夜趣旨説明のなかで提起したことでもありますので、答えようとしているのです。)ラングドン・ウィナー、私は彼が「イエス」と今は同意してくれると思いますが、五里霧中だったその当時は、私たちは確かに「ノー」と論じていました。私は「イエス」といいましょう。そして私の最初の「イエス」は古き良きヴォルテールを土台に構築されるものです。(スライド⑰)

ヴォルテールは「神は死んだ」と述べました。彼は無神論者です。そして、「さて、しかし神が死んだとすれば、私たちは皆、互いを殺し始めるだろう。私たちはもう倫理原則をもち合わせていないことになるのだから」と言う人々によって糾弾されました。キリスト教の信仰に言及することですが、もちろん、それについてヴォルテールは「さて、あなたの隣人を殺さないもっともな理由は、他にもいくつかある。聖書からこれらの倫理原則を引いてこられないということは、必ずしもどこか他のところにもこれらの原則を見出すことができないということを意味するわけではない」と言いました。つまり今回の問題に翻訳すれば、技術の社会的構成が(あるいは社会構成主義的な研究一般が)倫理の理論を生み出さず、倫理的な足がかりを生み出さないという点が、他の足がかりがないということを意味するわけではないということです。このことは私が、例えば、規範的な判断をしていないということを意味するのではありません。もちろん私はそういう判断をします。しかしそれを技術の社会

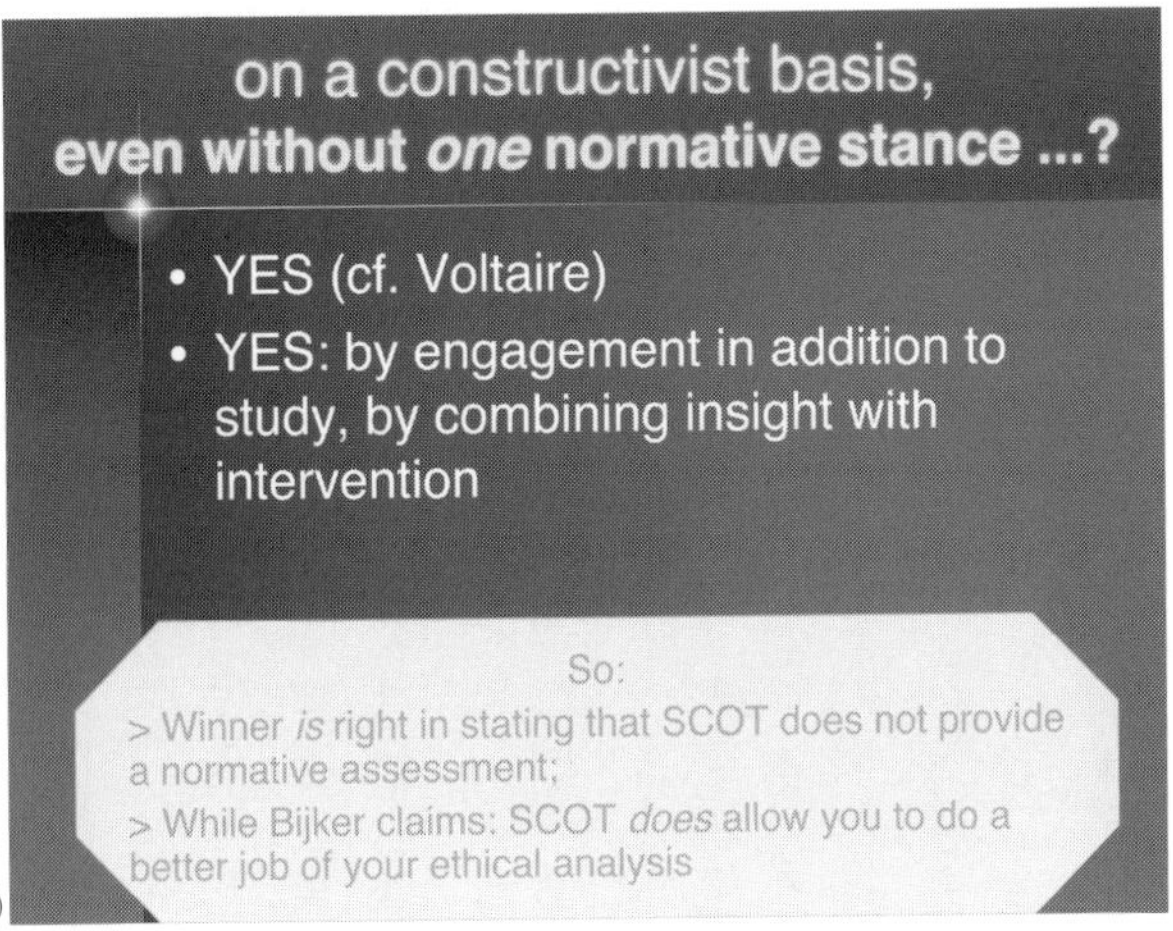
on a constructivist basis,
even without *one* normative stance ...?
• YES (cf. Voltaire)
• YES: by engagement in addition to study, by combining insight with intervention
So:
> Winner *is* right in stating that SCOT does not provide a normative assessment;
> While Bijker claims: SCOT *does* allow you to do a better job of your ethical analysis

⑰

構成主義の基礎に立つと、「一つの」規範的なスタンスはもちえない……？
イエス（ヴォルテール）
イエス：研究に加えて、洞察と介入の組み合わせによって
だから、
SCOT が規範的なアセスメントを与えないと言うとき、ウィナーは今も正しい。
一方で、SCOT はあなたに倫理的な分析についてのよりよい仕事をさせうるのだと、バイカーは主張する。

構成の理論に基づかせているわけではないのです。私は他の原則を基礎としているのです。

　前で言ったのとはまったく違う「イエス」があります。小林康夫先生が最初のところで哲学について語ったとき「哲学者たちはただ良い書物を書いているだけではない。もちろんそれもするが」と話されました。そしてこれからあとは私の言葉ですが「哲学をつくることによってだけではなく、世界をつくっていくことによって、哲学者たちは世界に介入するのです。」これが私のもう一つ別の答えで

す。STS研究者、哲学者たちは、世界に関わるべきなのです。それは洞察だけではありません。介入もし、そうすることで規範的なスタンスも取るのです。それが、私がナノテクノロジー委員会の議長を引き受けた理由です。それは良い書物を生み出すわけではありませんが、規範的なスタンスを取り、オランダ国内での泥まみれの政治とナノテクノロジーのなかに私の学問的背景を基礎として介入することなのです。ですから、SCOT（技術の社会構成主義）やSSK（科学知識の社会学）、ANT（アクター・ネットワーク理論）が規範的なアセスメントをもたらさないと言うとき、ラングドンは正しいと言えます。これらは倫理の理論ではありません。しかし、私はこれらのアプローチ、方法論、理論が、現実には皆さんによりよい倫理的な仕事をさせうるのだということを訴えたいのです。もし皆さんが規範的問題、倫理的問題、あるいは政治的論争を抱えているのなら、これらは実際にとても役立つと思うのです。

最後に、つい最近出たレポートから例を引くことにします。（スライド⑱）この事例は、転換点にあるものです。これを読んでみましょう。オルトウィン・レンの二〇〇五年のもので、そのタイトルは「リスクガバナンス白書：統合的アプローチに向けて」といい、ジュネーブにある独立法人の国際リスクガバナンス評議会から発行されています。彼らは、リスク・アセスメントとリスク管理におけるこれら三つのステップを提案しています。（詳細に触れていくことはしませんので、さわりだけをお伝えします。）そこにはいくつかの興味深い点があります。そこには利害関心のアセスメントのようなものがあります。そうです。リスクそのもののアセスメントではなく、利害関心のアセスメントなのです。そこには、古典的なリスク概念に比べて、リスクのより社会的な次元についての明示的な注意

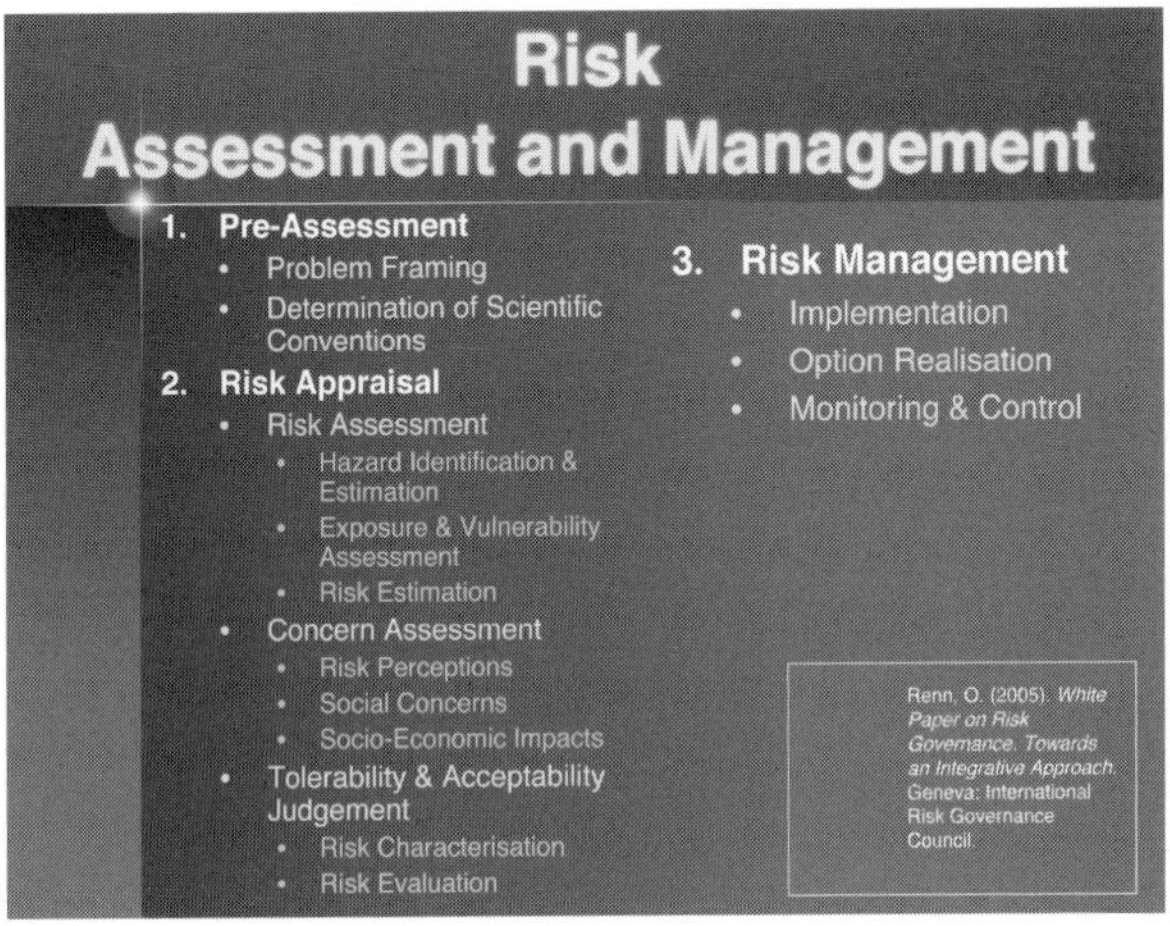

⑱

リスク・アセスメントとリスク管理

1. プレ・アセスメント
　・問題のフレーミング
　・科学の共通了解の確定
2. リスク評価
　・リスク・アセスメント
　　＊危害の同定と推定　＊暴露と脆弱性　＊リスクの推定
　・利害関心アセスメント
　　＊リスク認識　＊社会的関心　＊社会的経済的インパクト
　・耐性と許容性の判断
　　＊リスクの特徴づけ　＊リスク評価
3. リスク管理
　・履行
　・選択の実現
　・監視と制御

関心があります。そこには問題のフレーミングに対するとてもはっきりした注意がよせられています。これはかなり典型的なＳＴＳ的ポイントです。ＳＴＳ研究者たちは政治的討論において、とてもよく「ちょっと、ちょっと、君はその問題について、ある特別な定義に基づいてのみ闘っていることを自覚しないとだめだよ。問題の定義自体が社会的に構成されることを忘れているみたいだから、その定義がつくられたところに立ち戻らないと」

という発言をします。ですので、ニューオーリンズでは堤防や土手がなぜ、それほど低くにしかつくられなかったのかについて答えなくてはなりません。エンジニアを非難することより、この問いに答えることの方が大事です。この問題の定義とは何でしょうか？　それは、基本的にEUやオランダ政府に提案されたこのフレームワークに組み込まれていることです。このことは技術社会を管理するレベルにおいてさえ、構成主義者たちの洞察のある面が、問題のフレームワークのなかに深く組み込まれていることを示しています。

3　ナノテクノロジーの例

これが、この講演の最後の部分です。（スライド⑲）私は皆さんに私の電子メール・アドレスを紹介して講演を終えますので、もし参考事例その他のことを知りたければ、私に電子メールを書いてくだされば、すべてお送りします。ノートを取る必要はありません。近年では、いろいろと興味深いことがあります。バイオテクノロジー、遺伝子組み換え、ナノテクノロジー（これが私の話そうとしていることです）など将来有望な科学技術の発展はいくつもあります。しかし、潜在的な危険性の深刻な兆候もあります。今から私はナノテクノロジーに焦点をあてますが、皆さんはおそらく、それぞれご自身が没頭できる参考事例（原子力エネルギーや遺伝子組み換えなど）をお持ちでしょう。

ナノテクノロジーのある側面には、憂慮に値する正当な理由がありますが、明確な科学的根拠はありません。それについて何をすべきでしょうか？　科学技術を扱う古典的な方法のなかには、何をす

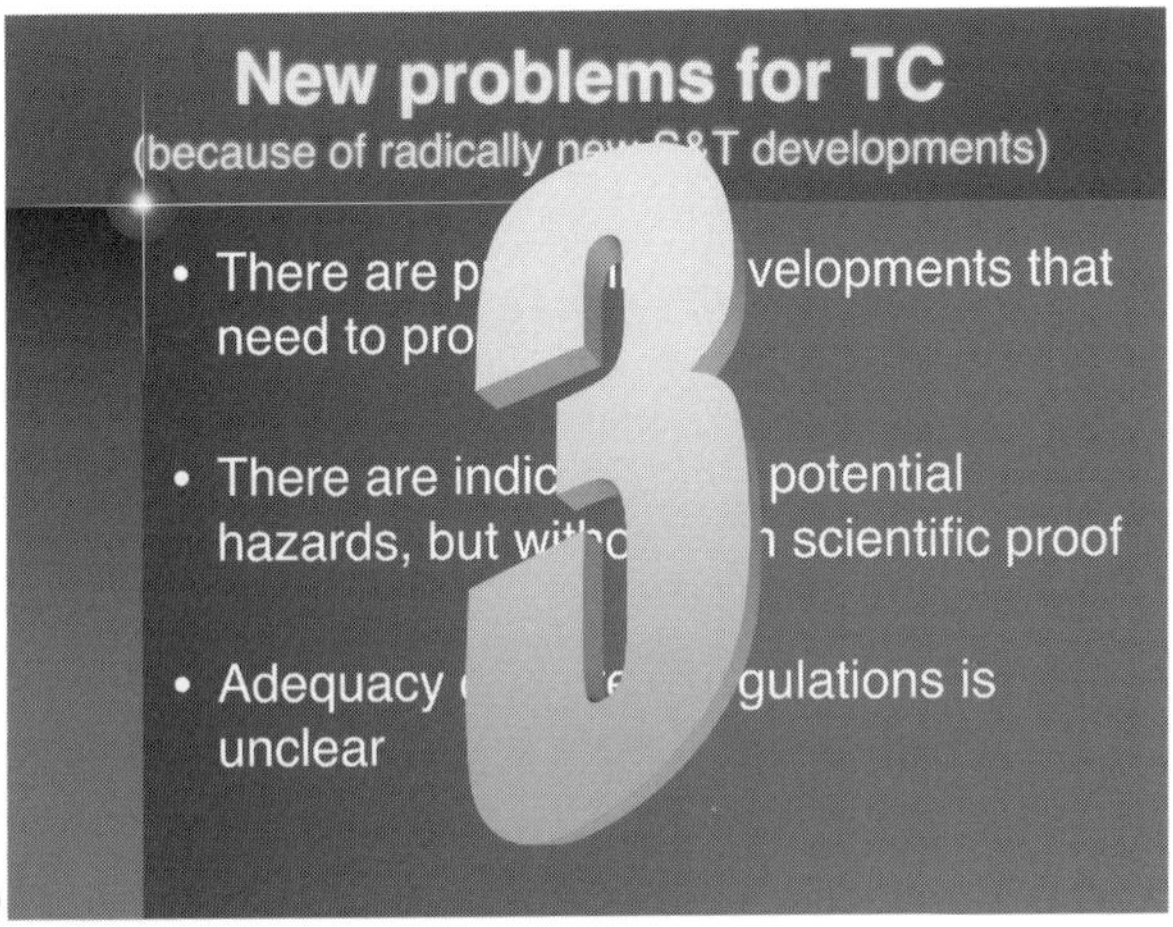
New problems for TC
(because of radically
developments)
There are p
velopments that
need to pro
There are indic
potential
hazards, but wi
scientific proof
Adequacy
gulations is
unclear

⑲

第３部
技術文化の新しい問題
（まったく新しい科学技術の発展のために）
・前に進むことを必要とする発展の見込みがある
・潜在的な危険性の兆候があるが、確固たる科学的な証拠はない
・現在の制限の妥当性は不明確である

べきかについての概念がありません。それに加えて、ナノテクノロジーの事例では規制がかなり不明確です。その意味するところを少しお見せしましょう。これは予防原則のアプローチを持ち出す理由となるのでしょうか？（スライド⑳）たぶん、なるでしょう。なぜなら私たちは科学的に不確実なことになんとかして手の届く概念を必要としていますし、科学がつねに確実なデータを生み出すとは考えられないからです。もし確実なデータが確実に手に入るなら、データがない場合、それに投資する金額をもう少し増やして、もう少し研究して、数年待って、それを手に入れればいいのですから。いえ、確実なデータは、常には手には入りません。こうした科学には、何か根本的

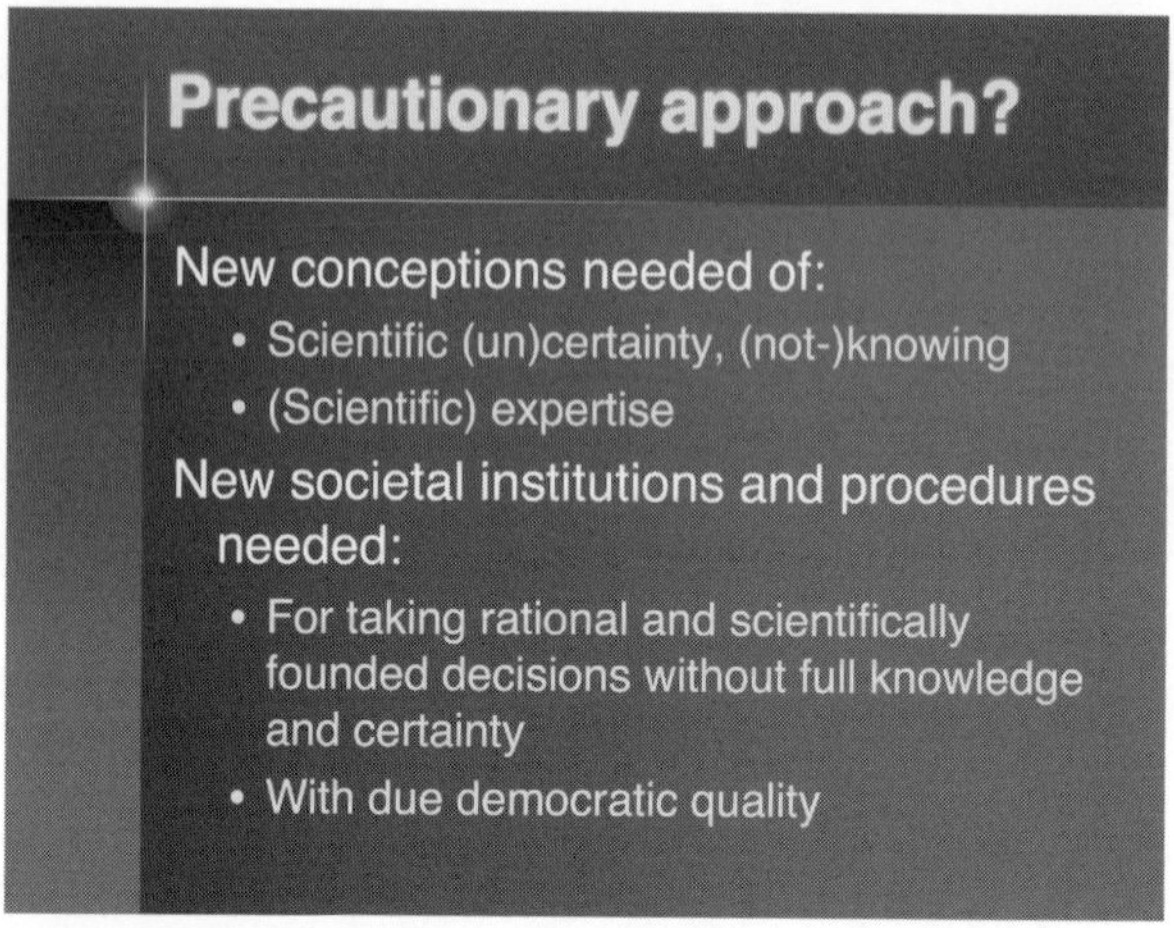
Precautionary approach?
New conceptions needed of:
• Scientific (un)certainty, (not-)knowing
• (Scientific) expertise
New societal institutions and procedures needed:
• For taking rational and scientifically founded decisions without full knowledge and certainty
• With due democratic quality
⑳

予防的アプローチとは？
新しい概念に必要とされることとは
・科学的（不）確定性、知識がある（ない）
・（科学的）専門性
新しい社会制度と手順が必要とすることは
・完全な知識や確実性がなくても合理的かつ科学的になされた決定をする
・当然あるべき民主主義的な質をともなう

な不確実性が進行していて、私たちはそれを理解し、概念化すべきなのです。それを概念化できてはじめて、私たちはそれを把握することができ、私が今日最初のところでお話ししたような民主的な技術文化を手に入れるための手続きを確立できるのです。

　専門的技能というものが、いままさに厳しい批判にさらされる問題となっています。これは三〇年前には問題にされてはいませんでした。誰が専門家で誰が素人なのか、ということは明確でした。エンジニアや科学者や医者は専門家であり、患者やユーザー、政治家、そして私たちは皆、素人でした。けれども、皆さんがここまで私の言ったことをすべて受け入れ、いま述べたような社会集団すべてが、人工物、システム、そして事実が社会的に構成されている世界に生きていることを認めるのなら、専門家と素人との区別は立ち消えてしまうか、少なくともかすんでしまいます。したがって、専門家と素人について語ることは意味をなしません。異なる種類の専門家について語ることだけが意味をもつのです。患者は、医者がもっていないような、ある種の専門的技能をもっています。もちろん、医者は、患者がもっていないような、それらの特殊な病気についての専門的技能をもっていますが、しかし患者も、ある種の専門的技能をもっているのです。この専門的技能という考えは再概念化する必要があり、これらのグループが関与する政治的な手続きや構造を組み上げたいのなら、私たちはこの再概念化をする必要があるのです。私たちは一般市民による素人パネルと仕事をしてきました。彼らは専門家たちに相対する者としてインタビューをしていました。もしこれまでの私の議論をすべて受け入れるなら、このようなことは機能しないでしょう。ですから、私たちは専門的技能を再概念化したうえでの社会制度や手続きも必要としているのです。これらのステップを尊重するために、そしてこれらの問題の哲学的な理解を、社会に民主的な決断をさせる道具や手続きへとなんとかして翻訳するために。

私はこれを詳細に述べることはせず、予防についての部分的な議論のポイントのいくつかに光をあてることにします。（スライド㉑）そこには多くの論争、議論がありますが、人々が多かれ少なかれたびたび言及するいくつかのことがあります。継続的にモニターし、たくさん研究をし、新しく現われつつある危険性の確定をできるだけ迅速にするために、早期警戒システムをもつように心がける必要

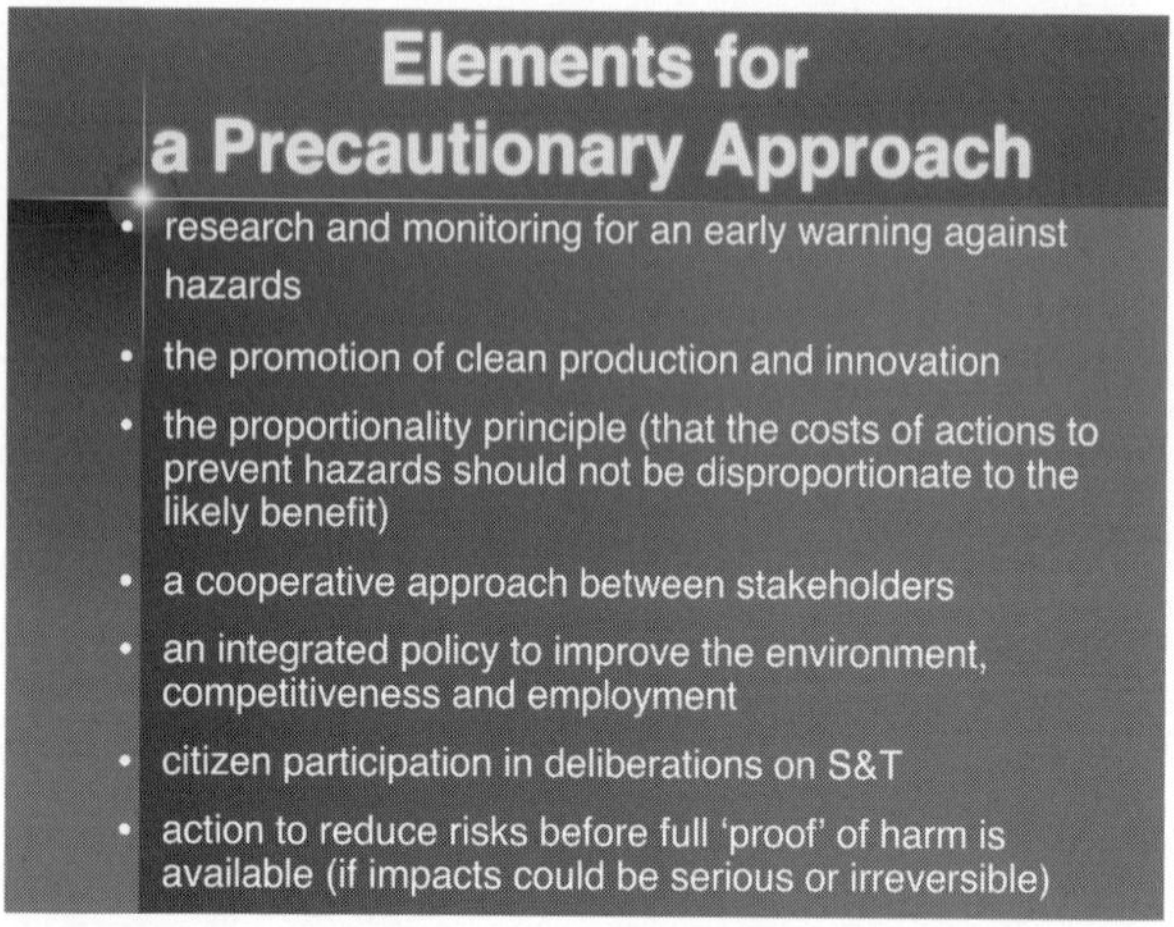
Elements for
a Precautionary Approach
• research and monitoring for an early warning against hazards
• the promotion of clean production and innovation
• the proportionality principle (that the costs of actions to prevent hazards should not be disproportionate to the likely benefit)
• a cooperative approach between stakeholders
• an integrated policy to improve the environment, competitiveness and employment
• citizen participation in deliberations on S&T
• action to reduce risks before full 'proof' of harm is available (if impacts could be serious or irreversible)
㉑

予防的アプローチの要点

・危害に対する早期警戒のための研究と監視
・クリーンな製品とイノベーションの促進
・比例配分原則（危害を避けるための行動にかかるコストは、期待される利益と比較せずにおくべきではない）
・利害関係者間を協同するアプローチ
・環境、競争、雇用を向上する統合的政策
・科学技術の審議における市民参加
・危害の十分な「立証」を待たずにリスクを減ずる行動をとることは可能である（インパクトが深刻で取り返しがつかないと思われるならば）

がある、ということはとてもよく言われていることです。それとまったく異なるポイントとしては、促進のためにこれを用いる人々がいるということであり、そういった人々は実際に「予防を実施していくことと全体の主眼がクリーンな製品とイノベーションの促進にもあるとすれば、私たちは精確な対策だけを求めます。それが促進へとはたらくのです」と言っています。比例配分原則によると、これに同意しない人もいますが、逆に強く主張す

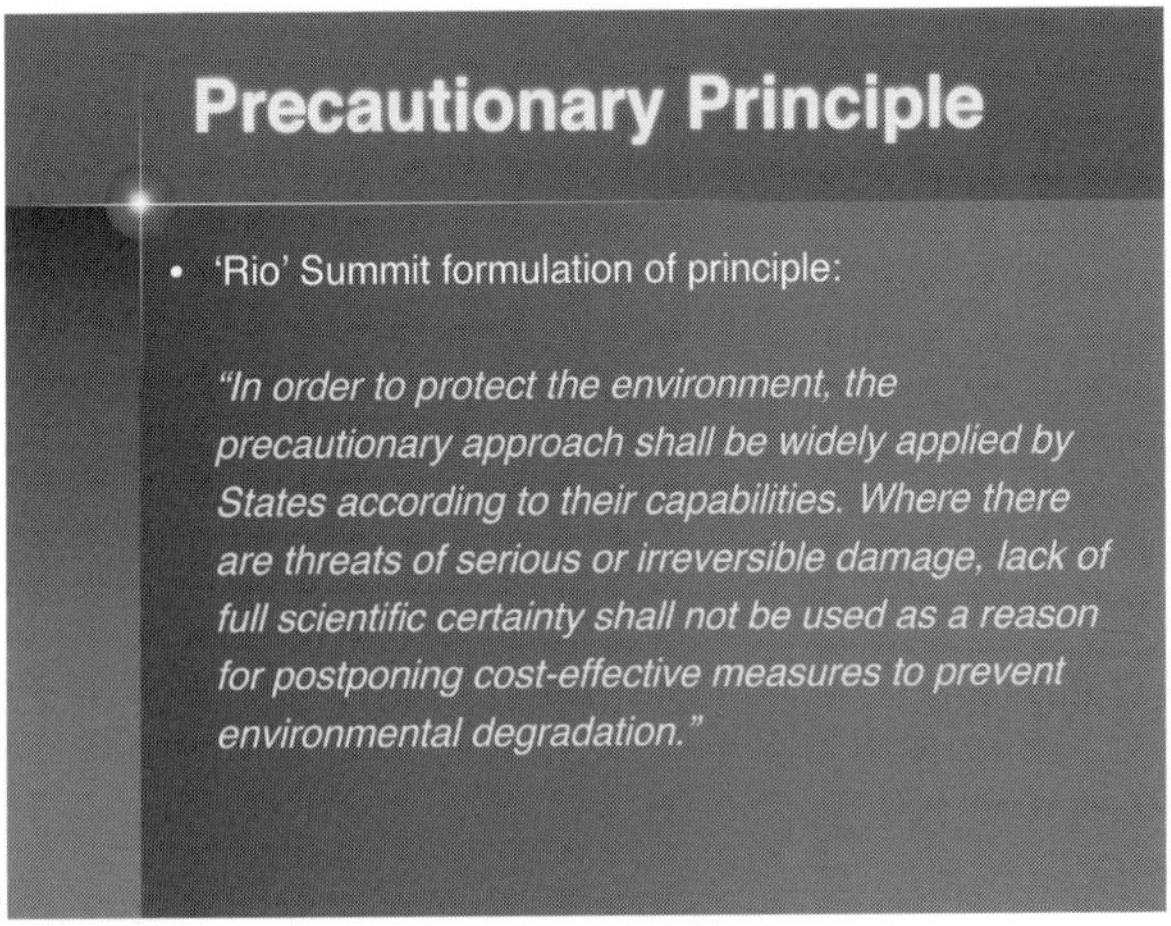
Precautionary Principle
• 'Rio' Summit formulation of principle:
"In order to protect the environment, the precautionary approach shall be widely applied by States according to their capabilities. Where there are threats of serious or irreversible damage, lack of full scientific certainty shall not be used as a reason for postponing cost-effective measures to prevent environmental degradation."

㉒

予防原則
リオサミットにおける原則の定式化
「環境を保護するためには、予防的アプローチが、その実行可能性に応じたかたちで、広く講じられなければならない。深刻で取り返しのつかないダメージのあるおそれがあれば、十分な科学的確証に欠けていることが、環境崩壊を避けるための効果的対策を延期する理由として用いられてはならない。」

る人もいます。もし、なんらかの対策を取るのであれば、予測される危険性と、確かな技術的ステップを踏まないことで生み出してしまうであろう損益あるいは福祉の喪失との両方をバランスよく考慮すべきだ、と比例配分原則は言っています。

よく、利害関係者の参加について語ることを含んでいるメカニズムがあります。その一つとして、市民参加というのがよく語られます。最後の一文は、皆さんからは読みにくくて申し訳ありません。私のスクリーン上では、それを読むことができます。それを読み上げてみましょう。これは、ほとんどの予防原則の定式化において、核となることです。「そのリスクの影響が深刻であるか、あるいは取り返しのつかないものであるならば、危害の十分な科学的証明をする前にリスクを減じる行動を取ること。」ですから特に、その影響が深刻で、さらに特に取り返しのつかないものであるならば、行動に移すためには十分な証拠は必要ありません。これは、リオの世界サミットのリオ宣言による、もっとも有名な法的定式化です。（スライド㉒）そこでは、「環境を保護するためには、予防的アプローチが、その実行可能性に応じたかたちで、広く講じられなければならない」とうたわれています。このポイントは「深刻で取り返しのつかないダメージのあるおそれがあれば、十分な科学的確証に欠けていることが、環境崩壊を避けるための効果的対策を延期する理由として用いられてはならない」ということです。

注意しておくべき第一のことは、リオ会議ですので、これらの定義はすべてに関わることだということです。もちろん今、私たちはもっと幅広い問題で予防原則を論じています。前の二つのスライドのものより、もう少し詳しい解説をしましょう。（スライド㉓）予防原則には二つのバージョンがあります。強いバージョンでは、まったくリスクがないと証明できないのであれば、技術を開発してはならないと述べられます。弱いバージョンでは、科学的な確かさに欠けるとしても、それ自身では対策を取らない理由にはならないと述べられます。それは規制の理由にはなりません。古い例では、そう、グリーンピースが「おい、その特殊な塗料はおそらく有毒なものだ」と言うと、産業界は「では、それを証明してくれ。そして、それが有毒であると証明できないうちは、我々はそれを生産し続けるよ」と言い、政府はその活動グループの側につこうとはせず、産業界は生産を続けることができました。弱いバージョンでは、特にこの政府は科学的な証拠がない場合でも深刻な理由があれば、その塗料を

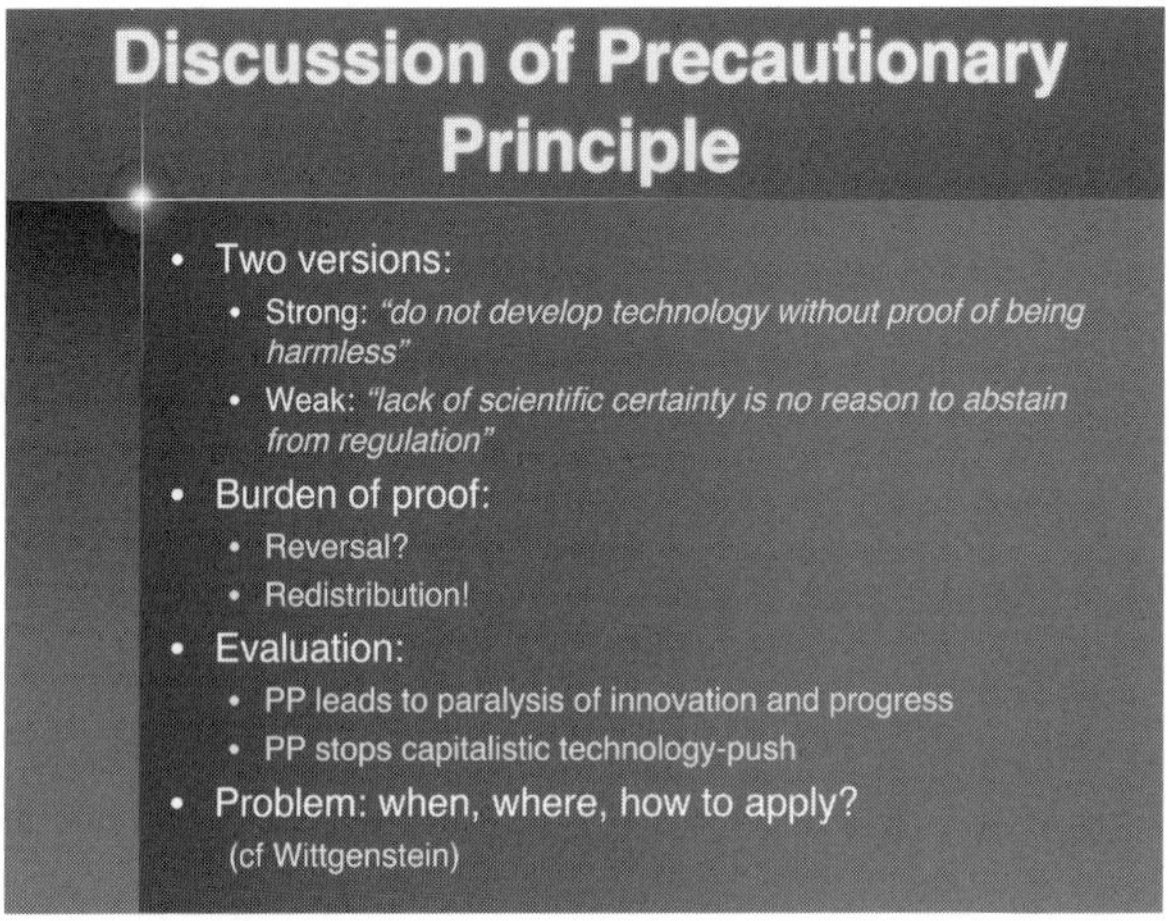
Discussion of Precautionary Principle
• Two versions:
• Strong: “do not develop technology without proof of being harmless”
• Weak: “lack of scientific certainty is no reason to abstain from regulation”
• Burden of proof:
• Reversal?
• Redistribution!
• Evaluation:
• PP leads to paralysis of innovation and progress
• PP stops capitalistic technology-push
• Problem: when, where, how to apply?
(cf Wittgenstein)

㉓

予防原則の議論
二つのバージョン
・強いもの：「損害がないと証明できないときは、技術を発展させてはならない」
・弱いもの：「科学的確証の欠如は、規制をしない理由にはならない」
立証責任
・反転？
・再分配！
評価
・予防原則はイノベーションと進歩の麻痺状態を引き起こす
・予防原則は資本主義的な技術推進を止める
問題：いつ、どこで、どのように適用するか？
（ウィトゲンシュタイン）

実際に規制することができると述べられます。それが、予防原則が立証責任の変更・反転と簡潔に言われるゆえんです。その古い状況では、（この初歩的な例を続けましょう）活動グループは塗料が有毒であると証明しなければならず、それを証明しない限りは塗料を生産し、使用することができたのです。新しい状況では、少なくとも予防原則の強いバージョンでは、産業界は、それが有毒ではないと証明しなければなりません。それが証明できないならば、それを生産することはできません。

私たちが、それを本当に立証責任の反転、あるいは再分配にすべきであったのかということについては、多くの議論があります。それを完全に活動グループの側に置くよりも、今はもう少し真ん中に戻し、立証責任が少なくとも産業界にも活動グループにも部分的にあるような状況も考えられています。

最後に（そして実際にこれについては大きな論争があるところですが）、予防原則を麻痺状態へと導くものとして、イノベーションと進歩を完全に押し殺してしまうものとして解釈する人もいます。近代の終わり、進歩の終わりというわけです。イノベーションがこれ以上可能ではないのだから、私たちのまわりにあるすべての問題を解決するということは忘れなければならないというのです。そしてもちろん、そのもう一つの極にあるのは、最終的に資本主義をやめ、技術推進をやめ、西側の資本主義国の技術決定論をやめるという方法があると叫ぶ人々です。最後のものとして、もちろん古典的なウィトゲンシュタイン問題があります。ウィトゲンシュタインは「規則はそれを適用するときを含んでいない」と述べました。予防原則の実際問題は、それを適用するときにあります。そしてそれが、この講演の残りで扱うことであり、私の委員会がこれほどまでに骨を折ってきたことなのです。

簡単に言えば、ナノサイエンスやナノテクノロジーとは、一から一〇〇ナノメーターについてのことです。（スライド㉔）それを目にするためには二つの方法があります。トップ・ダウン的に目にする場合、トランジスタからチップ、集積回路へと、小さく小さく見ていくと、ナノ・スケールに行き着

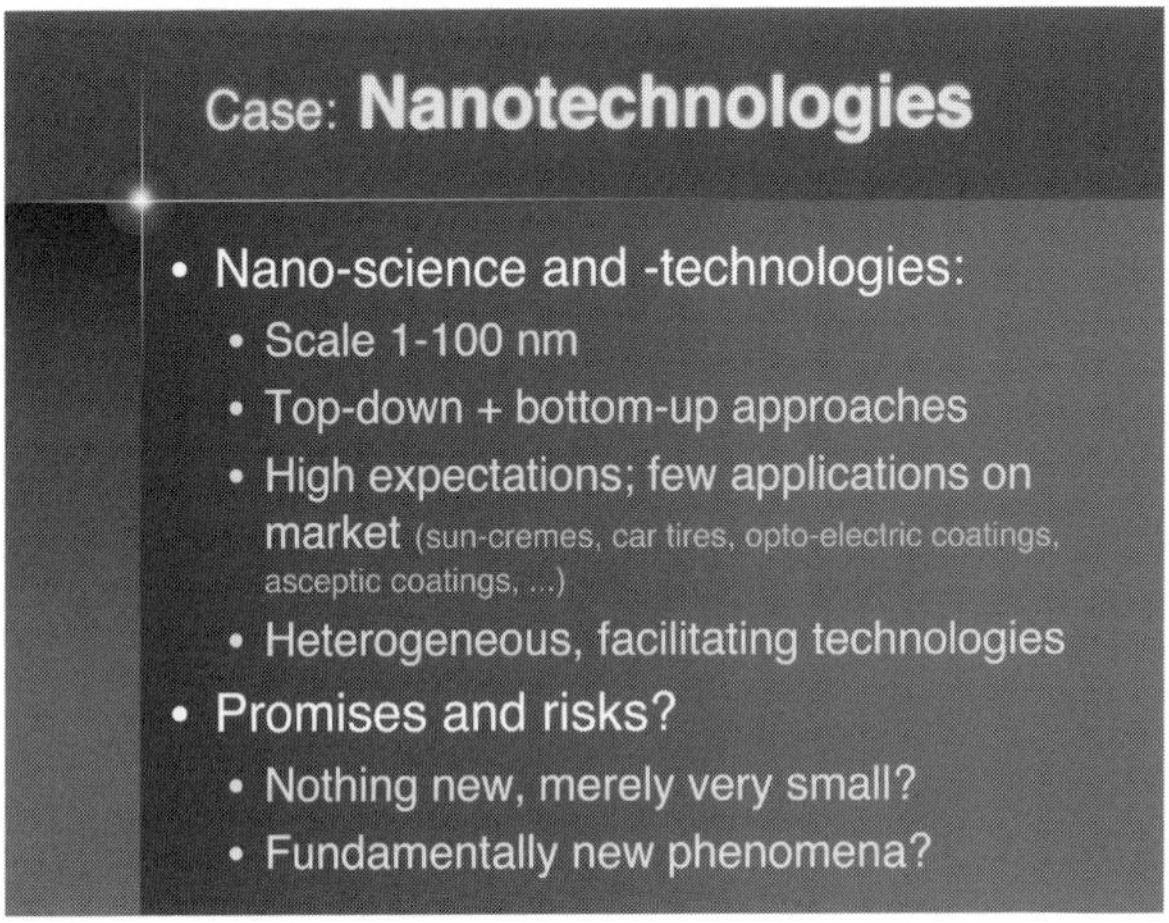
Case: Nanotechnologies
• Nano-science and -technologies:
• Scale 1-100 nm
• Top-down + bottom-up approaches
• High expectations; few applications on market (sun-cremes, car tires, opto-electric coatings, asceptic coatings, ...)
• Heterogeneous, facilitating technologies
• Promises and risks?
• Nothing new, merely very small?
• Fundamentally new phenomena?
㉔

事例：ナノテクノロジー
ナノサイエンスとナノテクノロジー
・1-100nm のスケール
・トップダウン＋ボトムアップのアプローチ
・高い期待；市場への応用はほとんどない（日焼け止めクリーム、くるまのタイヤ、光電子コーティング、抗菌コートなど……）
・異質で、促進している技術
展望とリスクは？
・何も新しくなく、単にとても小さいだけ？
・根本的に新しい現象？

きます。ボトム・アップ的アプローチでは、化学者として始めて、分子を化合し、構造を大きく大きくしていき、一から一〇〇ナノメーターのレベルを得るアプローチもあります。今のところ、ナノテクノロジーにはとても高い期待がかけられていますが、ほとんど応用例はありません。日本を含むすべての国々で巨額の研究費が投じられています。ナノテクノロジーはとても異質であり変わっています。私の知る他のどんな技術に比べても異質です。それは、たくさんの化学、たくさんの物理学、たくさんの生物学など、これまで互いに関連してこなかった諸分野が関係する分野なのです。かなり大げさな言い方ですが、これまでほとんど互いに関係をもたなかった分野群が、いまや一つの傘下で共同研究を進め、別のものになっています。一つの研究室で実際に共同研究するわけではありませんが、それらは皆、「ナノテクノロジー」というラベルの貼られた同じ出所のお金をあてにしているのです。

いったい何がおきているのでしょうか？　実際のところ、ちょっと小さいというだけで本当は何も新しいことはないのでしょうか？　それとも実際に何か新しいことがおきているのでしょうか？　このまったくくじれったたい予防原則を考えるべきであるほどの、何か進行中の危険があるのでしょうか？あるいは、ただ小さくなっているだけなら、まずは私たちのもっている現在の化学の規制や基準を使うことができるのではないでしょうか？　私たちの委員会は、結局この提案に至りました。（スライド㉕）私たちは科学と技術を三つのカテゴリーに区分することを提案しています。最初のカテゴリーは、不確実です。私たちはそれをナノテクノロジーに適用できますが、ナノテクノロジーが不確実な知識をもつことは、一般的に広く受け入れられています。状況Aでは、不確実性がありますが、危害を推測する深刻な理由はありません。第二のカテゴリーでは、同じように不確実な知識はありますが、危険性があるかもしれないという、いくつかの深刻な兆候があります。第三のカテゴリーは、もっと多くの知識があります。危害はありますが、少なくともその知識で危害、見込み、影響、インパクトなどを記述することができます。委員会の提案としては、カテゴリーAでは皆さんは予防原則を取る必要がないということです。皆さんは何か予防原則とは別のことをする必要があるのですが、そのこ

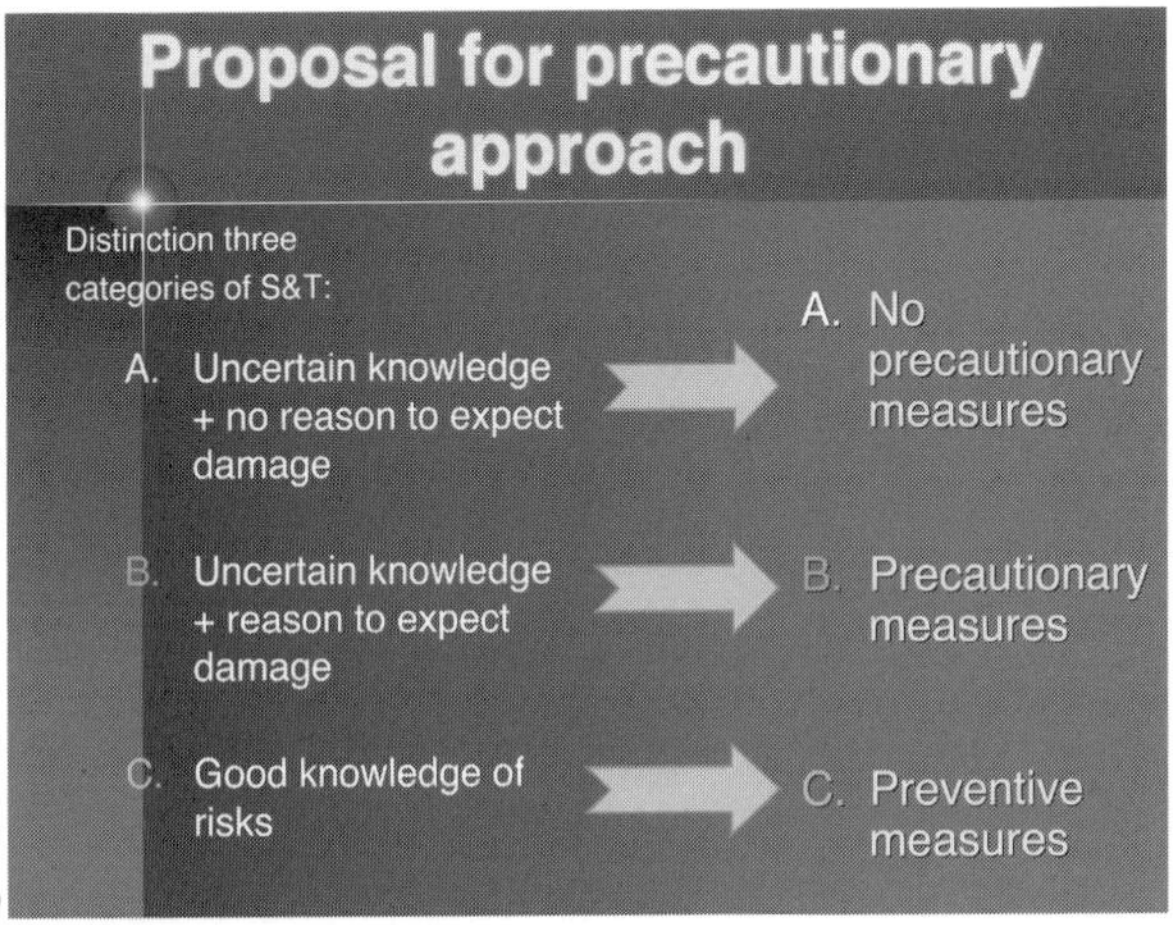
Proposal for precautionary approach
Distinction three categories of S&T:
A. Uncertain knowledge + no reason to expect damage
A. No precautionary measures
B. Uncertain knowledge + reason to expect damage
B. Precautionary measures
C. Good knowledge of risks
C. Preventive measures

㉕

予防的アプローチへの提案
科学技術の３つのカテゴリーへの区分
A. 不確実な知識＋危害を推測する理由はない　→ A. 予防的対策は必要ない
B. 不確実な知識＋危害を推測する理由あり　→ B. 予防的対策の必要あり
C. リスクについての十分な知識　→ C. 普通の予防的対策

とに関しては次のスライドで説明します。カテゴリーBは予防原則を必要とするカテゴリーです。カテゴリーCでは、予防原則を必要としません。カテゴリーCでは、通常は、現在の方法が機能しています。それを「普通の予防」と呼ぶことにします。これは、規制、規範、標準といったものの標準的な機構です。

表にすると、このようになります。（スライド㉖）危険性が上で、左が摂取量です。それでは、急いでナノテクノロジーの例をお見せしましょう。すでに今でもタイヤに用いられているナノ粒子というものがありますが、それらはタイヤから外に出ることはないので危険性は低いという性質をもつので、表の最初に入れます。そ

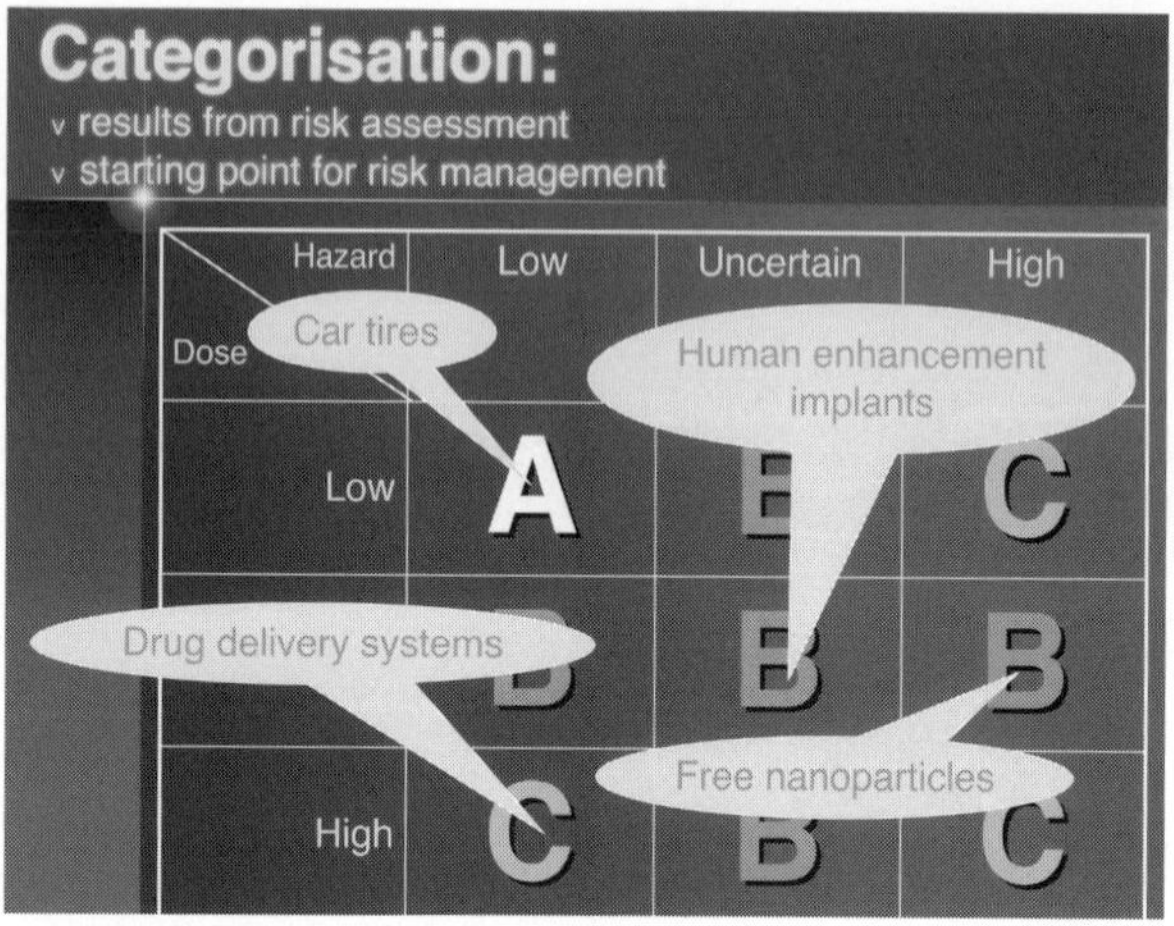

㉖

カテゴリー化
→リスク・アセスメントの結果
→リスク管理の出発点

摂取量＼危険性	低	不確実	高
低	A（くるまのタイヤ）	B	C
不確実	B	B（人体増強インプラント）	B（自由ナノ粒子）
高	C（薬物デリバリー・システム）	B	C

れらはタイヤに埋め込まれているのです。そして、量的には大変少量であり、それゆえ、摂取量は大変低いのです。これはカテゴリーAです。薬物デリバリー・システムにおいては、高い摂取量があります。それが実際に開発に成功すれば、多く服用されることでしょう。精確に攻撃されるべき癌に特定の薬を運ぶといった、とても小さなナノ状のもの（ある意味では、ナノ・ロボット）にはとても高

い期待がかけられています。高い期待があり、現在の工学や理学の知識では、そのナノテクノロジーの査定方法についてかなりよくわかっているため、危険性は低いのです。今のところ査定（私自身によってではなく、私は専門家ではないので、私たちの委員会にいるナノテクノロジーの専門家によって）では、そこでの危険性は低いとされています。だから、最終的にカテゴリーCになります。（スライド㉖の左下端）それは、薬物や医療技術の通常の機構の一部となるものです。製薬会社が新薬を市場に出すときに通らなければならない全体の手順があります。このケースはその機構によって処理されることでしょう。

自由ナノ粒子や人体増強インプラント（私たちの視力や聴力をよりよくするもので、胸を大きくしたり小さくしたりするもののことを言っているのではなく、神経や視聴覚系に入り込むようなものです）は、カテゴリーBに入ります。人体を増強する場合に、人体に危害が加わることを暗示するような研究は少ししかありません。研究があるとしても、それは、毒性についてではなく、文化的社会的影響についてのことです。自由ナノ粒子の場合では、毒性についての証拠はかなり不明確です。きわめて不確実です。それで最終的にカテゴリーBに入れます。（スライド㉖の中央）

これらの分類を用いたとして、技術をそうした三つのステップに分類することに成功したとして、それでどうしたというのでしょうか？　それには、それにともなう対策があります。（スライド㉗）カテゴリーAでは、ものごとが変化する可能性があるので、とても注意深くモニターする必要がありますす。技術がカテゴリーAからカテゴリーBへと移る可能性があるのです。何か悪いことがあるのでカテゴリーBに移す（まだ不確実ではあるが、証拠にはなるような）新しい証拠が出てくるかもしれま

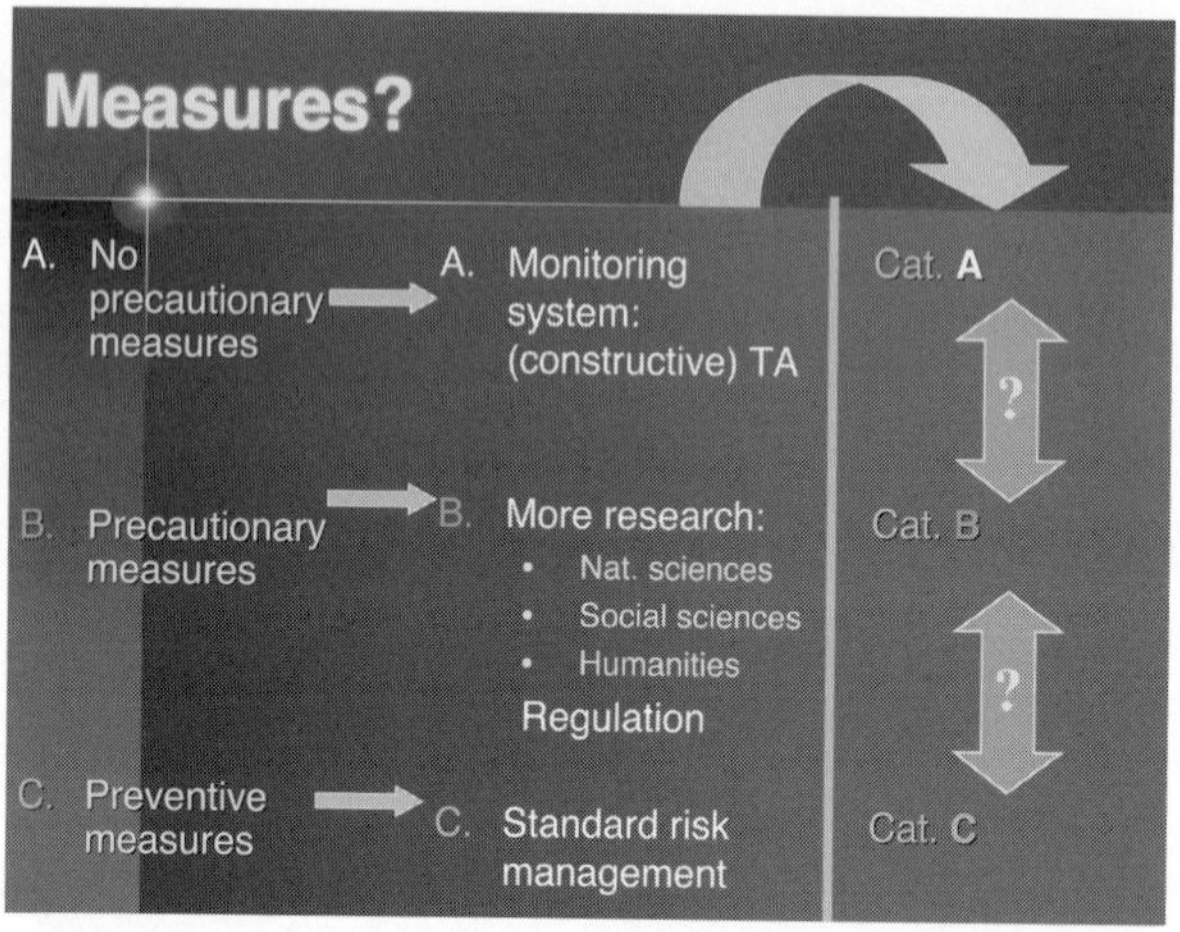
Measures?
A. No precautionary measures
A. Monitoring system: (constructive) TA
Cat. A
?
B. Precautionary measures
B. More research:
• Nat. sciences
• Social sciences
• Humanities
Regulation
Cat. B
?
C. Preventive measures
C. Standard risk management
Cat. C

㉗

対策は？

A. 予防的対策は必要ない　→監視システム：（建設的）技術アセスメント

B. 予防的対策の必要あり　→さらなる研究：自然科学、社会科学、人文科学
規制

C. 普通の予防的対策　→標準的なリスク管理

せん。カテゴリーBにおいて、予防措置は、ある種の規制を意味しています。それはすでに今までに解説したことですが、政府は、前記の有毒な塗料の例では、ある産業に対して「やめろ！」と言うことになります。今までの私の五〇分間の議論すべてを買ってもらえるなら、それはナノテクノロジーだけのことではないので（社会科学や人文研究を含めて）もっともっと研究する必要があります。それは社会でもあります。それは価値システムでもあります。文化でもあります。ですからこれら特殊な技術システムあるいは科学のまわりにあるこれらの層について研究する必要があるのです。

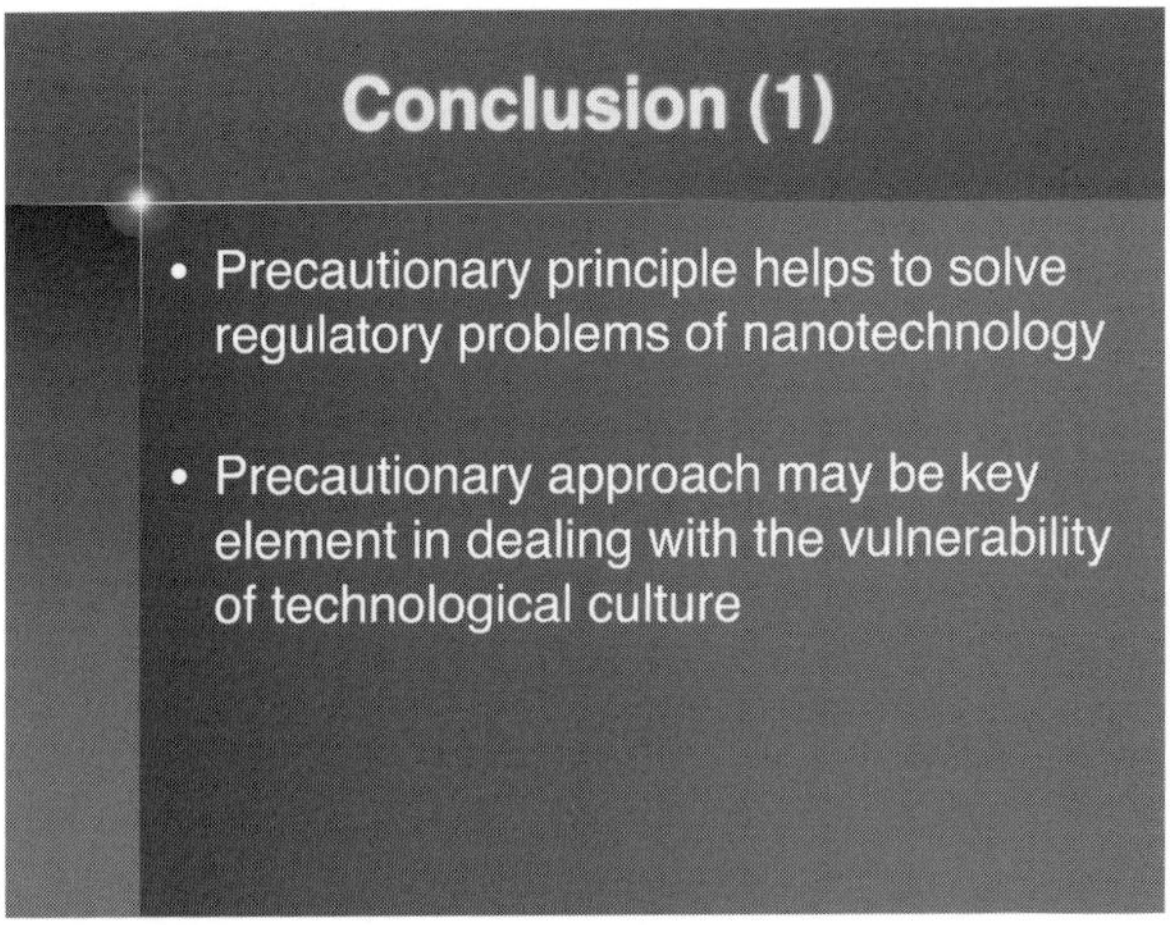
Conclusion (1)
• Precautionary principle helps to solve regulatory problems of nanotechnology
• Precautionary approach may be key element in dealing with the vulnerability of technological culture

㉘

結論（１）
・予防原則はナノテクノロジーの規制問題のいくつかを解決する手助けを与える
・予防的アプローチは、こうした技術文化の脆弱性を扱ううえでの鍵となる要素になりうる

４　結　論

結論として、私は少し控えめに、少し注意深く、そして少し心配しながら、皆さまの反応がどんなものであるかを考えることにします。（スライド㉘）私は、予防原則がナノテクノロジーの規制問題のいくつかを解決する手助けをしてくれると考えています。このことが、私たちがこの委員会で予防原則を提案しようとする理由です。より一般的には、予防原則的アプローチは（このように技術、科学、社会、文化という要素の組み合わせであって、ある種の合理的な方法で組み合わさっているのだから）こうした脆弱性を扱いながら技術文化を民主化しようとする本日提起した大きな問題に、より一般的に適用できる一つの要素かもしれない

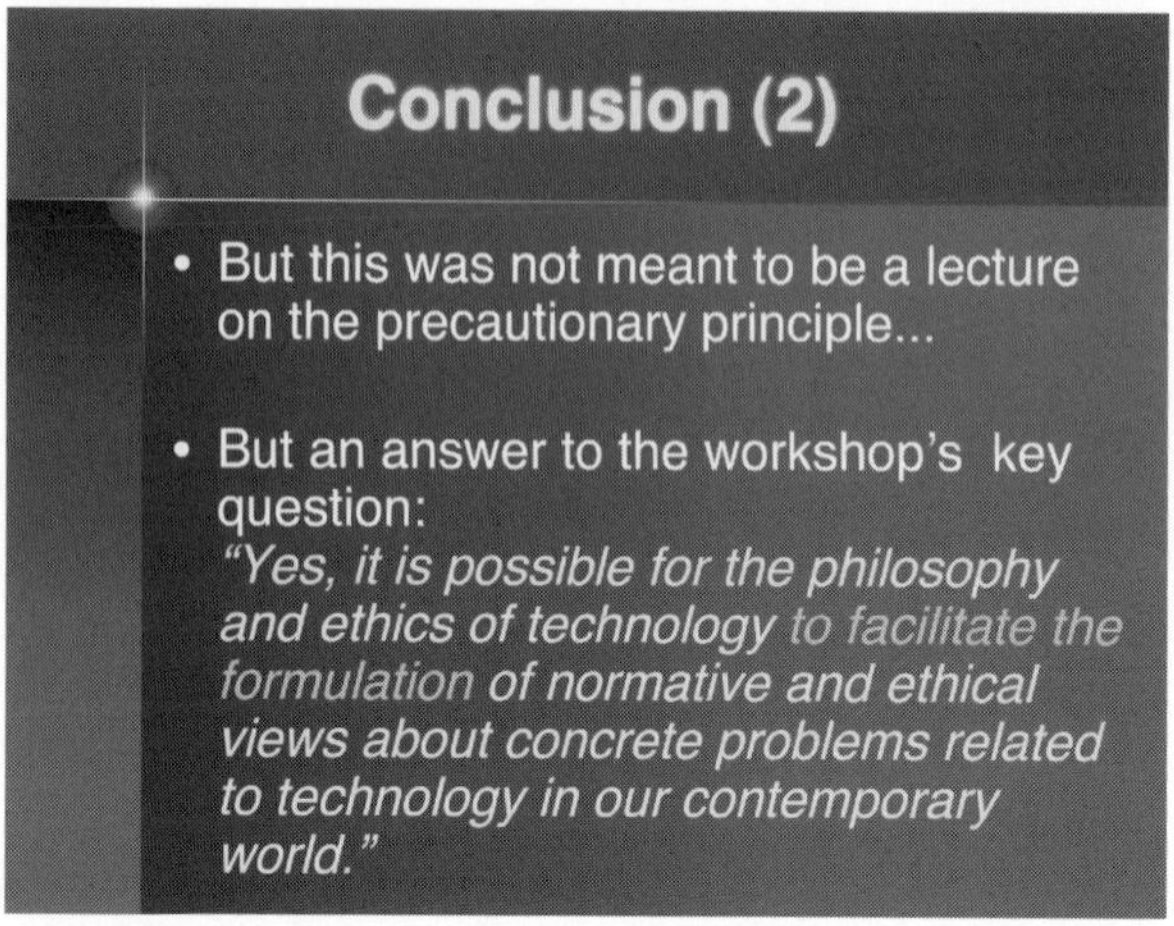
Conclusion (2)
• But this was not meant to be a lecture on the precautionary principle...
• But an answer to the workshop's key question:
"Yes, it is possible for the philosophy and ethics of technology to facilitate the formulation of normative and ethical views about concrete problems related to technology in our contemporary world."

㉙

結論（2）

・しかし、この講演は予防原則の講義ではありませんでした。

・しかし、ワークショップの鍵となる質問への答えは「イエス、技術哲学や技術倫理が、現代社会で技術と関係する具体的な問題について、規範的で倫理的対処の仕方を容易にすることは可能です」

と考えています。

最後のスライドです。（スライド㉙）講演全体は予防原則についてのものではありませんでした。講演全体は、最初に述べたように、皆さまに哲学的体系を示すものではありませんでした。しかし、私は村田先生による趣旨説明の最後のページの疑問に答えたいと思います。私の答えは「イエス、技術哲学や技術倫理が、現代社会で技術と関係する具体的な問題について、規範的で倫理的な対処の仕方を容易にすることは可能です」というものです。しかし、少し変えてしまったところがあります。この青い文字は私の言葉で、村田先生の言葉ではありません。村田先生の言葉は「そして技術倫理が、対処の仕方を提示する」というようなもの

㉚

ありがとうございました。

で、私は「提示する」あるいは「規範的対処の仕方を与える」というところを考えています。これが私の躊躇するところです。私は、今夜皆さまに論じようと努めてきた線に沿ってのＳＴＳの哲学は、人々が倫理的側面をよりよく見たり、問題を定義する新しい方法を示したり、概念化したり、原理原則を加えたり、議論を助けたり、といったことを容易にし、助けることができるものだと考えています。私は、技術の哲学者やＳＴＳの専門家のコミュニティーである私たちが、規範的立場をもたらすことのできる具体的段階を示すことはしませんでしたが、おそらくこの規範的立場をめぐる課題は、私たちが取り組むことのできる何かだと思っています。ありがとうございました。（スライド㉚）

第2章　社会構成主義と人工物の権力論

藤垣裕子

本稿では、まず、科学技術社会論（ＳＴＳ）分野における技術の社会構成主義の理論の内容を概観し、それを基礎としたうえで前章のバイカーの議論の解題を試みる。そのうえで、社会構成主義と人工物の権力論との関係を述べ、本書の第一部の議論と第二部以降のユニバーサルデザイン論との橋渡しをおこなう。

1　技術の社会構成主義とＳＴＳ

科学技術社会論（STS: Science and Technology Studies あるいは Science, Technology and Society）は、科学技術と社会との接点において、既存の専門領域のメインタスクから外れているがゆえに今まで体系的に扱われてこなかった課題、しかも科学技術に関してアカデミックな探求を怠ってはならないような課題群を扱う。たとえば、遺伝子組換え食品や狂牛病の危険のある牛の規制をどうするか、情報技術のグローバル化にともなう各国の法整備の問題、医療技術の発達にともなう倫理の問題など、自然科学の個別の学問領域を越えて、法律をふくむ各種社会制度、および国際関係のかかわる複合領域の問題群である。科学技術に対して、哲学、社会学、歴史学、倫理学、政治学、科学計量学などさまざまな分野からの問いが内包される。[★1] 技術の社会構成主義は、ＳＴＳのこれまでの理論蓄積のなかで、主流なものの一つである。

社会構成主義とは、確立された判断基準や分類境界に対する懐疑的態度、現在当然視されている事柄がどのようにしてそうみなされるようになったのかを問い直す傾向を指す（Knorr-Cetina, 1994, Jasanoff, 1996）。本質主義（Essentialism）に対置される言葉である。本質主義は、科学と非科学を区別する本質的規準がある、あるいは対立する理論の優劣を比較する際に、どの時代にも通用する普遍的で合理的な一つの規準があると主張する（ＳＴＳハンドブック、三九四―四〇七）。それに対し、社会構成主義は、そのような規準はアプリオリに存在するのではなく、社会的に集団ごとに構築されるのである、という立場をとる（ＳＴＳハンドブック、三九四―四〇七）。同じ原語 Social-constructivism に対し、社会学では社会構築主義の訳語がとられている（上野、二〇〇一）。上野らの展開する構築主義が主に「脱構築」というデリダらの流れを汲んでいるのに対し、科学論においては、バーガーとルックマン（1996）を源流とする知識の問い直しの流れがあり（Restivo, 1994）、このバーガーとルックマンの仕事をくむ流れにはすでに社会構成主義の訳語がとられているため、ここでも構成主義を採用している。

たとえば、本質主義においては、科学と非科学という境界を決めるための規準、「科学という本質」を取り出そうとする。それに対し、社会構成主義では、科学とは何かという確固たる規準や本質を取り出すのではなく、「科学とは何か」をひとびとがどう語るかを観察し、それを記述していくことになる。

しかし、社会構成主義を大雑把に、「科学が社会的な構築物であるとする考え方」と表現すると、大きな誤解を招く。「現実に目の前にあるものが社会的に構成される、というのなら、十二階から飛び降りてみろ」という反論を招いたりする。★2 社会的な構築物である、と端的に表現するのではなく、もう少し細やかな吟味を加えていく必要がある。社会構成主義は、目の前のものが実在なのか構成されているのかといった認識論のレベルだけで是非が判断されるような矮小化されたものではなく、他のさまざまなレベルでの細やかな吟味を可能とする理論なのである。たとえば、フレーミングを問う（同じ問題に対する異なる答えは、実は同じ問題に対する問い方の違いによって生じているのではないだろうか）、状況依存性（科学的事実は、科学者共同体が同意する実験上、解釈上の条件に依存して成立するのだが、社会との接点において、その実験上、解釈上の条件が成り立っていないところにまで、事実を応用していないだろうか）などを問うことができる。このように、社会構成主義は、「真実が真実として集団に許諾されるとはどういうことか」「事実の成立する条件とはなにか」「事実を記述する変数はどのように選択され、それが固定されているのか」といった、より詳細な吟味を可能とする（藤垣、二〇〇五a、二〇〇五b）。

技術の社会構成主義（SCOT: Social Construction of Technology）は、このような社会構成主義を技術に応用したものである。社会構成主義とはすでにあげたように、「確立された判断基準や分類境界に対する懐疑的態度、現在当然視されている事柄がどのようにしてそうみなされるようになったのかを問い直す」ことであるから、それを技術に応用すると、「現在確立されている技術に対する懐疑的態度、現在当然視されている技術がどのようにしてそのように確立したのかを問い直す」ことを指す。第１章で論考を展開しているバイカー氏は、このSCOT研究の第一人者の一人である。

SCOTについて具体的に解説しよう。SCOTは、以下の三つの段階を技術に応用することによって展開される。★3 第一段階は、科学的発見（あるいはその時点における技術）の「解釈の柔軟性」を示すことである。一つの発見によって提示された事実、その時点における技術、には多様な解釈が存在することを示すことである。第二段階は、この解釈の柔軟性および多様性にもかかわらず、現実の社会では、一種類の解釈（あるいは選択肢）だけが生き残り、ほかは消滅してしまうプロセスに注目する。このプロセスには、社会的なメカニズムが作用する。その結果として科学論争が終結する（あるいは一つの技術が選択される）。第三段階では、この終結、選択のメカニズムを社会文化的な環境と関係づけて分析を行なう。

ピンチとバイカーによるSCOTの代表的な論文は、以上の三つの段階をイギリスにおける自転車の技術史に応用している。これは第１章のバイカーの論文の冒頭でも説明されたものである（Bijker, Hughes and Pinch, 1987）。

一八七〇年ごろ、イギリスにおいて、オーディナリーという、前輪が大きく後輪を小さくしたタイプの自転車が開発された。これは、最初の量産型自転車ボーンシェーカー（ペダルが前輪に固定）に運転速度を上げるための改良をもたらしたものであった。当事の紳士たち、とくにスポーツとして自転車に乗る用途をもった社会グループから、このオーディナリーは熱狂的に支持された。しかし、オーディナリーは、サドルが高く危険であったので、他の社会グループ、たとえば女性や年長者や子供からは、「危険な乗りもの」と評価された。ここで、同じオーディナリーという技術（人工物）が、異なる社会グループによって異なって解釈されることが、「解釈の柔軟性」である（第一段階）。

次に、サドルを低くし、後輪をチェーンで駆動するセーフティ型自転車（Lawson's Bicycle）が開発された。この自転車は安全性を重視するため、女性たちの社会グループからは評価された。しかし、自転車をスポーツ目的と考える男性の社会グループからは支持されなかった。このように、初期の自転車開発では、スポーツ目的の自転車の構造と安全を求める自転車の構造は統一されなかったのである。その後、ゴムタイヤが導入されるようになってから、事態は変わっていく。ゴムタイヤの自転車は、安全な構造をもち、かつ非常に早く走ることができるため、安全性を求める女性や年長者の社会グループからも、スポーツ重視の男性の社会グループからも評価されるようになった。こうして自転車は、現在のような前輪と後輪が同じ大きさをもち、後輪をチェーンで駆動し、ゴムタイヤをもつデザインに技術として安定したのである（第二段階）。

この自転車の技術史において、スポーツとして自転車乗りを楽しむ男性の社会グループと、女性や年長者の社会グループとの差を論じ、当時の社会文化的環境のなかでグループの行動を解釈し（たとえば当時の女性は当時の社会慣習に従って長いドレスを着ていた）、かつ技術が複数の社会グループの解釈の違いをどのように終結させていったかを論じるのが、第三段階である。

技術は、社会の形態や要望にかかわらず「独立に」発展する、という立場を、技術本質主義という。

また、技術の独立の発展が社会を決定し、技術が行為の合理的あり方を規定すると主張する立場を技術決定論（Technological Determinism）という。それに対し、技術の社会構成主義[★4]では、右のように、今ある技術は、多くの可能性のなかから社会の成員によってそのつどそのつど選択された結果である、という立場をとる。社会の成員の選択と技術とが共に影響しあい、共進化してきたという解釈である。この場合、技術は価値中立ではなく、社会の多様な価値によって取捨選択されていくことになる。そして、どの選択肢が選ばれるかは、最終的には技術的ないし経済的合理性によるのではなく、デザインの過程に影響を及ぼすさまざまな社会集団の利害関心および信念と、技術とのせめぎあいによってきまることになる（Feenberg, 1999, 訳書一一四頁）。

このように考えると、我々は、現在も、さまざまな技術の可能性が選択淘汰されつつある時代に生きているのだ、という感覚をもつことができる。我々の今の選択は、将来世代の技術に影響を与えるのである。このように、技術の社会構成主義は、技術変化に対するインフォーマルな市民参加、ひいては技術の選択における民主主義の議論とつながることが示唆される（Feenberg, 1999）。

2　第1章の解題

さて、ここまでＳＴＳにおけるＳＣＯＴの内容をふりかえったあと、第1章の内容を再び解釈してみよう。バイカーの議論は三部構成となっている。

まず第一部は、技術の社会的構成についての解説となっている。オーディナリーという自転車に対して、若い男性の社会グループと女性の社会グループによって異なる「解釈」が与えられるということが示される。そして、多くの社会グループが、技術の「社会による構成」にかかわることが示唆される。さらに、「解釈の柔軟性」がキーコンセプトであることが主張される。これはＳＴＳにおける基本的な原理である。解釈の柔軟性がないと、すべての人工物がひとつの意味しかもたず、技術者によって定義されるたったひとつの意味で解釈されることになってしまう。人工物のもつダイナミクスと価値付加性を考えるためには、解釈の柔軟性の概念が非常に重要である。これは、隠された緊張、論争、そして価値を顕在化させるのである。★5

続いて、技術の文化（選択のメカニズムを社会文化的な環境と関係づけて分析すること）（Culture of Technology）という考えかたをさらにおしすすめて、「技術的文化」（Technological Culture）について考察することの必要性が主張される。この後者の表現には、私たちは、現在、科学技術なしでは存在しえない社会のなかを生きているのであり、技術が社会文化的環境によって影響をうけるだけでなく、その文化自体が、技術によって構築されているという主張がふくまれている。

第二部では、この「技術的文化」を生きるにあたっての論点が整理される。技術の発展、脆弱性、そして民主主義といった論点である。このなかでも「脆弱性」（vulnerability）は、バイカー氏独自の定義が与えられている。脆弱性は、イノベーションにとって必要不可欠であり、学習の過程であり、発展の原動力であり、柔軟性の一部であり、外界からの圧力に柔軟に対応するために必要なものでもある。科学技術も日々発展のさなかにあり、時々刻々書き換えられる性質をもつという意味で脆弱性をもつ。社会も時々刻々よりよいものに変化していくために脆弱性をもつ。もしこの種の脆弱性がなければ、「完全なる計画社会」をめざさなければならなくなるわけである。この脆弱性をもつ科学技術および社会をガバナンスしていく上で、民主主義は非常に大事な概念となる。

さて、技術の社会構成主義の応用は、何も自転車の技術史に限られたものではない。地震、津波、ハリケーン、ナノテクノロジー開発など、今日問題となる課題に対しても応用可能である。例として、ニューオーリンズにおける二〇〇五年秋のハリケーン被害と、オランダにおける水害防止対策との比較研究に社会構成主義を応用した論文が紹介される。この二つのケースにおいて、米国の堤防技術者がオランダの当該技術者と比べて劣っていたというわけではない。これは技術レベルだけの問題ではなく、社会システムのほうの問題が大きいのである。たとえば、法ひとつとっても、オランダでは、堤防のもつリスクは議会における法案において決定され、他の方法による決定は不法である。それに対し、米国およびその他の多くの国では、堤防のもつリスクは、技術的判断として与えられ、技術者集団によって決められるのであり、法的なシステムは関与しない。このように、ハリケーンは自然現象であることには変わりないが、その被害に関する分析では、社会システムとの相互作用を考える必要がある。その際、社会構成主義的視点から考えることによって、どのような問題がいままで隠されていたのか、どのような隠された規範があったのか、どのような選択がなされたのか、そして「自然」に対抗するためにどのようなデザインが取られていたのか、についてのより開かれた議論が可能になるのである。このように、現代の課題群に対しても、社会構成主義的視点は、有用な分析視点を与えてくれる。

さて、科学および社会の脆弱性を扱う際、古典的な意思決定のモデルは、事実と価値を独立に扱おうとする。また、科学的基礎知識がまずあって、その応用としての技術がある、というような直線モデルを考える。しかし、このようなモデルは、経験的にいうと、不十分である。経験からいうと、このようなモデルどおりには世界は動かない傾向がある。さらに、リスク社会論のようなより新しい意思決定モデル[★6]を作成する必要性がでてきている。直線的でナイーブな科学的合理性のモデルは、考え直される必要がある。

　このように、合理性についての疑念は多く提示されている。しかし、逆に科学的合理性をすべて無視し、極端な相対主義でことが足りるかというと、それはまた無理である。意思決定において行政官がまったく科学的知見を信頼しないというのは、逆に問題が発生する。それでは、科学者も交え、科学的合理性も含め、かつリスクも考慮し、問題をどのようにマネージしていったらいいのだろうか。これが、我々の時代の次の課題となる。

　また、社会構成主義が「記述」をするには適している反面、「規範的」問いに答えられない、という批判（Winner, 1993）に対して、バイカーは次のように答える。確かに、社会構成主義による分析は、規範的で倫理的な問いに直接答えることはできない。しかし、社会構成主義の方法論、理論は、よりよい倫理的な仕事をすることを可能にする。つまり、規範的問題や倫理的問題や政治的な論争にまきこまれたときに、社会構成主義的な視点は、それまで気づかれなかった社会構造、隠されていた緊張、論争、そして隠されていた価値を顕在化させることができるという点で、よりよい規範を考えねばならない場面において役にたつのである。[★7]

　近年のリスクガバナンス[★8]においても、リスクの社会的次元や、問題のフレーミング[★9]についての関心が高まっている（Renn（2005）による「リスクガバナンスに関する白書」、国際リスクガバメントカウンシル刊）。このことは、STSの研究視点と重なる。つまり、問題の定義や、問題のフレーミングというものが社会的に構築される、まさにその場に立ち戻って、問題を考えなくてはならない、という視点を、これらの論点が提起するからである。このことは、技術的文化をマネージする上でも、社会構成主義からの洞察が役立つことを示唆している。

第三部では、技術的文化における現代の新しい課題が、「予防原則」に焦点をあて、ナノテクノロジーのケースを使って扱われる。ナノテクノロジーの健康影響については、多くの懸念材料があるが、しかし、明確な科学的証拠があるわけではない。古典的な意思決定のモデルでは扱えないケースである。科学はいつでも厳密な答えを用意してくれるわけではない。科学にも答えられない問いがある、あるいは、科学的知見が明確な答えを出してくれるまでには時間がかかる。しかし、その明確な答えを待ってから社会的規制をかけたのでは遅すぎる場合もある。こういうときはどうしたらよいのだろうか。

ここで採用されるのが、予防原則（事前警戒原則）である。予防原則とは、「環境や人の健康に重大で不可逆な悪影響が予想される場合には、十分な科学的証拠が整う前に、リスクを取り除く行動をおこさねばならない」というものである。あるいは、「環境や人の健康に重大で不可逆な悪影響が予想される場合には、科学的証拠が不十分であることは、環境破壊に対する規制を遅らせるための理由としては用いられない」とも言い換えられる。★10 この予防原則が適用される以前は、有害物質の健康影響を、被害者側が「危険性を証明」しない限り、対象企業の行為を規制することができなかった。しかし、予防原則の適用以後は、開発者側が「安全性を証明」しない限り、規制をゆるめることが難しくなる。これを挙証責任の反転という。ここで予防原則が、挙証やリスクに関する「解釈の柔軟性」を（将来のデザインの指針として）規範的に用いる原則であることに注意しよう。

さて、バイカーの議論は、ここでナノテクノロジーの規制に関するオランダの委員会における分析法の説明に入る。まず、推奨する予防アプローチを三つのカテゴリーに分ける。

レベルA：健康被害への知識が不確実で、ダメージが小さい。予防原則は適用せず。

レベルB：健康影響への知識が不確実で、かつダメージが大きい。予防原則を適用する。

レベルC：十分な知識がある。介入する。

さらに、横軸に健康影響の危険性、縦軸にその技術の暴露の程度をとったマトリクスを用いて、ナノテクノロジーの各種応用についての提言をまとめている。タイヤへのナノテクノロジーの応用は、危険性、暴露ともに低いため、レベルAとなるが、市販薬物へのナノテクノロジーの応用は、危険性は低くても、暴露がとても高いため、レベルCとなる。義手や義足などの補助器具の移植技術へのナノテクノロジーの応用は、危険性、暴露ともに中程度であるためにレベルBとなり、ナノ粒子一般は、危険性が高いが暴露が中程度のレベルBとなる。レベルBと判定されれば、予防原則を適用する必要があるが、しかし、危険性に関する研究は続ける必要がある。その研究には、社会システムとの相互作用に関する人文、社会科学系の研究も必要となる。このように予防原則は、（1）技術的文化の民主化、（2）科学や社会の脆弱性、を扱う上で重要な要素となる。

最後にバイカー氏は、これらハリケーンの影響の米蘭比較やナノテクノロジーの影響の予防原則の例から、「社会構成主義および技術の哲学は、現代の科学技術の関与する倫理的展望の形成を円滑にする」と結論づけている。

3　社会構成主義とユニバーサルデザイン（人工物の権力論）

さて、社会構成主義の説明および新しい意思決定モデルへの社会構成主義の応用についてまとめてきた。これら社会構成主義的視点は、人工物の権力論、そしてユニバーサルデザインに対してどのような新たな視点を与えてくれるのだろうか。

まず「解釈の柔軟性」概念の応用である。社会グループによって、同じ技術に対する解釈が異なる。このことについて考えてみよう。既存の人工物に対する健常者グループの解釈と、同じ人工物に対する障害者グループの解釈は異なることになる。解釈の柔軟性の概念は、技術の選択における隠された緊張、論争、そして価値を顕在化させる。つまり、健常者グループの嗜好性（解釈）が不当に前面にでて、障害者グループによる解釈がより「潜在的なもの」として隠されてしまう可能性を意味する。

我々は、現在も、さまざまな技術の可能性が選択淘汰されつつある時代に生きている。我々の今の選択は、将来世代の技術に影響を与えるのである。このことから逆に、これまでの技術の可能性の選択は、あきらかに「健常者主体」の選択であったのではないか、という反省と批判の視点を抱くことができる。いままで歩道に段差のある設計を採用してきたこと、近年このような段差が是正されつつあること等を例に取れば、これまでの人工物の設計がたしかにそのような選択をされていたことが理解できるだろう。このように、技術の社会構成主義は、人工物の権力論、すなわち人工物の設計における隠された権力関係についての分析を可能にするのである。

これら技術の社会構成主義の考え方を援用すると、人工物のデザインは、複数の社会文化グループの解釈のせめぎあいによって決められることになる。この社会グループの位置関係や社会関係や権力関係によって、人工物のデザインは選択される。だとすると、物のデザインと社会デザインはアンサンブルとしてとらえられねばならない。選択された人工物のデザインは、それまでの人間社会のありかた、社会グループの位置関係の反映と考えることができ、両者は、決して無関係ではない。このことが、まさにユニバーサルデザインの発想につながる。

たとえば、物のデザインは、市場による競争のなかで、より洗練されたものが生き残っていく傾向にある。しかし、それは健常者の使うもののデザインであって、身体障害者の使うもののデザインは、健常者のそれと異なる。障害者の使う車イスは、値段が高くてデザインが凝っておらず、かつ手に入れにくい市場のままでいいのだろうか。何故もっと安くてかっこいいデザインができないのだろう。何故障害者には特殊な市場におけるデザインしか用意されていないのだろう。そこから、「特殊なデザイン」ではなく、ユニバーサルなデザイン、多様な個人個人に対応するデザインという発想がでてくるのである。

ユニバーサルデザインの七原則の内容に関しては、序章および木原論文、川内論文でふれているが、ではユニバーサルデザインを生み出すには、どのような社会システムが必要なのだろうか。ユニバーサルデザインは、物のデザインというより、社会のデザイン、ユニバーサルなマーケット（多様な個人に対応）を意識している。健常者と障害者のマーケットを分けるのではなく、ユニバーサルなマーケットとしてとらえること。ユニバーサルデザインとは、物のデザインというより、社会のデザイン（Society for All）に対する主張である。

このように、社会構成主義の発想（人工物のデザインは、複数の社会文化グループの解釈のせめぎあいによって決められる）と、ユニバーサルデザインの発想（選択された人工物のデザインは、それまでの人間社会のありかた、社会グループの位置関係が反映している。現状は健常者と障害者が分けられている。両者を分けるのではなく、多様な個人に対するユニバーサルなデザインを考えることが必要）とは、人工物が単なるモノなのではなく、社会関係を反映したものである、という点で重なりあっている。ここで、ＳＣＯＴの成果である解釈の柔軟性が、ウィナーの批判のように単に「記述的」であるわけではなく、「規範的」に用いられていることに注意しよう。ユニバーサルデザインは今後のデザインの指針として、健常者と障害者を分けずに、Design for All, Society for All をめざすもの、今後のデザインの指針をめざすものである。

ユニバーサルデザインは、人工物のデザインと社会のデザインをアンサンブルとして捉え、現在の人工物に対する批判の視点を提供する。しかし同時に、概念の構築（デザイン）もやはり社会とのせめぎあいによって構築されるという社会構成主義の視点から、ユニバーサルデザイン論も批判的に再検討される必要がある。第一に、公民権運動もあり分離教育体制をとっていない米国と、公民権運動がなく分離教育（segregation）のおこなわれている日本とで、ユニバーサルデザインという言葉が同じ意味を持ちうるのだろうか。第二に、公民権運動がなく、分離教育のおこなわれている日本におけるユニバーサルデザインには、異様な「期待」がこめられていないか。第三に、その異様な期待が、たとえばオランダ人のような各人の「差異」を強調する国に住むひとからみた場合に違和感を生み、「ユニバーサル」のおしつけに見られてしまう可能性はないのだろうか。第四に、以上のような意味で、「ユニバーサルデザイン」という言葉に対する日本の過剰な期待は、日本社会における「ある欠陥」を反映しているのではないか。といった論点である。これらの問いは、技術の社会構成主義と人工物の権力論とユニバーサルデザイン論との接点にある。文化の違いによる技術の構築プロセスおよび概念の構築プロセスの違いと、両者の相互関係の作られ方の違いを考慮し、さらなる考察が必要となるのである。

★1　たとえば、哲学からの問いには、（1）科学と呼ばれているものは何なのか、（2）技術の本質は社会とは独立か、等、社会学からの問いには、（1）社会は科学研究のプロセスにどのような影響を与えるのか、（2）科学者集団は他の集団と比べてどのように異なるのか、等、歴史学からの問いには、（1）真実と呼ばれるものは各時代でどのようにとらえられてきたのか、（2）現代の「科学」と呼ばれるものは歴史的にどのように構築されてきたか、等、倫理学からは、（1）科学研究の目的とはなにか、（2）科学技術の現代におけるベネフィットと将来のコストをどのように世代配分するのか、等、そして政治学からは、（1）市民参加のための適切な「公共空間」とは何か、（2）科学と民主主義とは何か、どのようなガバナンスのありかたが適切か、等の問いが提起される。

★2　たとえばサイエンスウォーズに関する論争ではそのような傾向が見られる。

★3　この三つの段階による手続きは、SSKプログラムのなかで開発された「相対主義の経験主義的プログラム」に拠っている。

★4　本稿では字数の関係もあって、技術の社会構成主義としてピンチとバイカーの古典的論文の紹介にとどめている。しかし、広義の技術の社会構成主義には、カロンによるアクターネットワーク理論や、ヒューズによるシステムズアプローチなどもふくまれる（中島、二〇〇二参照）。

★5　このあたりの議論も、本稿第3部の「人工物の権力論」に大きな影響をもつ。

★6　科学が厳密で正しい答えを常に用意してくれるので、その厳密で正確な科学的事実に基づいて（価値とは独立に）判断を下すというのが古典的な意思決定のモデルである。それに対し、「科学に問うことはできるが科学に答えられない」問題群（Weinberg, 1972）に対しては、厳密で正確な科学的事実に基づいた判断、つまり科学的合理性だけで判断を下すことができない。この場合、不確実性を含んだ知見をもとに、リスクを吟味し、意思決定の社会的合理性を考慮した、新しい意思決定のモデルを考える必要がある。

★7　SCOTのいう「解釈の柔軟性」を記述的だけでなく規範的にとらえようとする試みとして、村田（二〇〇一）の論考がある。「……ここでみてきた事例は、『解釈の柔軟性』が規範的な仕方で機能した事例として解釈することが可能なものである。すなわち、……問題にまきこまれたひとがイニシアティヴを握って運動を起こすことをきっかけにして、制作者と使用者、専門家と素人、医者と患者との間の相互作用が成立する『公共空間』が形成され、新たな人工物の使用方法が実現されることになった過程であると考えることができる。」二八頁参照。

★8　リスクガバナンスとはリスクをいかにコントロール（統治）するかではなく、いかにガバナンス（共治）するかということを指す。

★9　フレーミングとは、問題を切り取る視点、知識を組織化するありかた、問題の語り方、状況の定義のことを指す（Goffman, 1974）。科学と社会の接点において論争中の課題においては、利害関係者によって、そもそも問題の語り方、状況の定義のしかたが異なることが観察され、そのフレーミングの違いによって論争が解決されないことがある。フレーミングは、『同じ』問題に対する正しい答え方に関する不一致は、そもそも何が正しい問題の立て方（フレーミング）

なのかに関するより深い不一致を反映している」(Jasanoff, 1996)「同じ問題に対する異なる答えは、実は同じ問題に対する問い方の違いによって生じる」といったことに気づかせてくれる概念である。

★10　予防原則には「強い」予防原則と「弱い」予防原則がある。強い予防原則とは、「リスクがないということが証明できるまでは、その新技術を開発するな」というものであり、弱い予防原則とは、「科学的証拠が不十分であるということは、なんの対策もとらないということの理由にはならない」というものである。

文献

Berger, P. and Luckman, T. 1966 The Social Construction of Reality: A Treatise in the Sociology of Knowledge, Doubleday.

Bijker, W., Hughes, P. T. and Pinch, T. (1987), *The Social Construction of Technological Systems*, The MIT Press.

Bijker, W. (1995), "Sociohistorical Technology Studies", in Jasanoff, S. et al. eds., *Handbook of Science and Technology Studies*, Sage, 229-256.

Feenberg, A., 1999, Questioning Technology, Routledge. 直江清隆訳、二〇〇四、『技術への問い』、岩波書店

藤垣裕子、二〇〇三、『専門知と公共性〜科学技術社会論の構築へ向けて〜』東京大学出版会

藤垣裕子、二〇〇五 a、「固い科学観再考〜社会構成主義の階層性」、『思想』二〇〇五年五月号、特集「科学技術と民主主義」、二七—四七頁

藤垣裕子編、二〇〇五 b 『科学技術社会論の技法』東京大学出版会

Jasanoff, S. et al. (eds) 1994 Handbook of Science and Technology Studies, California: Sage【４Ｓ編ＳＴＳハンドブック】

Jasanoff, S., 1996, Is Science Socially Constructed- And Can It Still Inform Public Policy? Science and Engineering Ethics, 2-3: 263-276.

Knorr-Cetina, K. 1994 Laboratory Studies: The Cultural Approach to the Study of Science, Jasanoff, S. et al. (eds) Handbook of Science and Technology Studies, California: Sage.

村田純一、二〇〇一、技術哲学の展望、『思想』二〇〇一年七月号、特集「技術の哲学」、六—三一頁

中島秀人、二〇〇二、「テクノロジーの社会的構成」、金森修・中島秀人編著、『現代の科学論』勁草書房、六三—八七頁

Restivo, S. 1994 The Theory Landscape in Science Studies: Sociological Traditions, Jasanoff, S. et al. (eds) Handbook of Science and Technology Studies, California: Sage 95-110.

上野千鶴子編、二〇〇一、『構築主義とは何か』、勁草書房

Weinberg, A. 1972. Science and Trans-Science, Minerva, 10: 209-222.

Winner, L. 1993. Upon Opening the Black Box and Finding it Empty: The Social Constructivism and the Philosophy of Technology, Science, Technology and Human Values, Vol. 18, No. 3.

第2部　ユニバーサルデザインとは何か

第3章　ユニバーサル・デザインについて

川内美彦

1　本稿のはじめに

本稿で述べるユニバーサル・デザインについては、何か特定の様式や方法があるように思われている面もあるようだが、それは正しくない。特にまちづくりにおいては各地域の気候や歴史などの影響が大きく、例えば南国で望ましい歩道の作り方が、寒冷・豪雪の北国で必ずしも通用するわけではない。したがって、そこにあるのは「ユニバーサルデザイン」といった固有名詞的に表わされる特定の共通の様式ではなく、各地の事情を反映して多様性のある、しかし幅広い人のニーズを取り込んでいるという点においての共通性をもった「ユニバーサルな」デザインである。ここではユニバーサルは形容詞的に使われる必要があり、以上の理由から、本稿においては「・」を付けたユニバーサル・デザインという表記を使うこととする。ただし、以後は特に必要のない限り、略称として「ＵＤ」を用いる。

なお私は本書第10章に「語る者の姿勢」という一稿も寄せているが、ここでも同様の表記を用いる。

2　UDの定義

UDを提唱した米国のロナルド（ロン）・メイスは建築家であり製品デザイナーだった。したがってUDの思想がものづくりを行なう専門家の視点からスタートしていることは疑いようがないが、それと同時に、車いす使用者であったメイスには、使い手の視点も強くあった。UDの理念的側面を語るとき、彼が車いす使用者であったという点を無視することはできない。というより、車いす使用者であったからこそUDの思想を抱くようになったということができよう。

ものづくりの現場では従来から、使い手の視点に立つことが強調されてはきたが、それでもやはりそれは作り手による「身内」の話であり、ここに実際のユーザーとしての生の声を吹き込んだというところに、UDの一つの注目点がある。すなわち、UDの考え方の根底には、デザイナーとしての作り手の立場と、車いす使用者として社会環境[★1]を利用する使い手の立場の両面が含まれているのである。

UDの定義としていくつか表現の異なったものがあるが、ここではメイスが創設したノースカロライナ州立大学ユニバーサル・デザインセンターのWEBに載っているものを示す（訳、川内）[★2]。

Universal design is the design of products and environments to be usable by all people, to the greatest extent possible, without the need for adaptation or specialized design. -Ron Mace

UDとは、すべての人々に対し、その年齢や能力の違いに関わらず、（大きな）改造をすることとなく、また特殊なものでもなく、可能な限り最大限に使いやすい製品や環境のデザインである。

――ロン・メイス

前記センターのWEBでは、この定義への補足説明も載っている（訳、川内）。

The intent of universal design is to simplify life for everyone by making products, communications, and the built environment more usable by as many people as possible at little or no extra cost. Universal design benefits people of all ages and abilities.

UDの目的は、製品、コミュニケーション、人工の物的環境を、最小限の追加費用で、または追加費用なしで、可能な限りより多くの人に使いやすくすることで、すべての人の生活を容易にしようとするものである。UDは年齢、能力の異なるすべての人に有益なものである。

3　社会モデルの考え方

このUDの定義で分かるように、UDは問題を社会的なアプローチで解決しようと考えており、いわゆる「社会モデル」をベースにした考え方である。

これまでの社会環境は「Mr.・アベレージ」に代表されるように標準的な体格、能力をもつ、主として男性を想定して作られてきた。しかし、身体の能力やサイズが標準であるというのは実は非常にまれな人たちで、ほとんどの人がどこかで標準とは異なっているというのが現実である。その非常にまれな「標準」を想定した社会環境は、大多数の標準でない人たちにはどこかが使いにくいわけだが、これまでは「それは標準的でないあなたに問題がある」とされて、その解決のためにより一層の個人的努力を求められてきた。

多くの人には社会環境に合わせてそれを使いこなすことができるという柔軟性がある。障害があるとは、その柔軟な能力が制限された状態だということができるし、高齢になるということは、その柔軟性が次第に失われていくことを意味する。そのような人にとっても、社会環境を使いこなす努力を個人的レベルで行なうことは、ある程度まで奏功する。しかし重度の障害などで、個人的努力では解決できない人たちも多くいて、この人たちは社会環境を使うことがかなわないままに、一生を終えざるを得なかった。この人たちにとっては、どれほど努力を求められても、それは自力で空を飛べといわれているようなものなのである。

この場合、問題解決のためには、本人の努力と相まって社会環境のほうが多様な差異を受け止め、歩み寄る必要がある。このように問題の原因や解決を本人に求めるのではなく、社会環境の観点から考えてみようとするのが「社会モデル」の考え方である。

すでに社会的に広く認知を受けているバリアフリーは、これまでほとんど顧みられることがなかった社会環境自体が内包する問題を注視し、バリアをなくしていこうという活動であり、これも「社会モデル」の考え方である。

そして本稿で述べるUDも、「社会モデル」の考え方を前提にして、いかに私たちを取り巻く環境を変えていくかの提案と実践であるということができる。

4　市場主義の反映

メイスは米国人であり、UDの考え方の中には米国の社会制度を強く反映した部分が見える。先に紹介したUDの定義の補足説明では「最小限の追加費用で、または追加費用なしで」という表現がある。

米国は市場主義経済の権化のような国である。そこでは苛烈な競争を勝ち抜いて市場に生き残ることがきわめて重要である。したがって市場の中で生き残る力があるということを証明しなければ、社会的に認知されない、もしくは認知されたとしても弱者救済の特別なものとされてしまう。メイスはUDをごく普通のこととして社会に定着させたいと考えていたので、コストが上昇しないという側面を強調する必要があったのである。それまでにも「すべての人に」とか「より多くの人に」という考え方はあったが、それにかかる費用についての説明を求められると、返答に窮していた。UDは費用についての言及を行なうことで、その壁を打ち破ろうとしたのである。

しかしながら、これまで見捨てていたニーズを取り込んでいこうとすれば、設計規準に頼ってさえいればよかったこれまでの設計手法に比べて確かに手間がかかり、それだけでもコストを押し上げる要因である。もちろんこれまでのものより高い品質のものだから、多少高くても競争力はあるといえばそうもいえるかもしれないが、多少なりとも高いというのは事実である。したがって障害のある人の問題に何の理解もない社会であれば、そこのところを強く指摘されるであろう。米国では長年にわたる人種差別撤廃運動の歴史があり、障害のある人の社会参加も人権の問題として捉え、それが実現されないのは差別だと見なす風土がある。この、いわば「正論」を阻むものとしてコストの問題があったわけだが、UDが費用追加の負担なくできると言ったことで、正論派には大きな力添えとなったものと考えられる。

5　可能な限り最大限に

UDはこれまで省みられることのなかったニーズをも取り込んで、よりよいものづくりを行なっていこうとする考え方だが、一方で、すべての人に使いやすいなんて理想論であって現実にはありえないという批判もある。人のニーズは非常に多様だからこの批判は正しいといえるが、UDは「すべての人に使いやすい」が不可能なことであることをよく承知しているので、それゆえに定義の中に「可能な限り最大限に」と述べているのである。

「すべての人に」はゴールとして掲げるとしても、そこには行き着けないことはわかっている。しかし行き着けないとしてもできるだけそのゴールを目指していくことは重要なことであり、その姿勢を「可能な限り最大限に」と言っているのである。したがって、できたものをUDと呼ぶかどうかという見方もあるが、もうひとつ、利用者参加など適正なプロセスを踏んだものづくりを行なうことで、「可能な限り最大限に」に向けてよりよい品質を担保しようという考え方もある。後者は「プロセスとしてのUD」と呼ばれることがある。

6　ユーザー／エキスパート

UDの実現のためには、まずユーザーのニーズを明らかにしなければならない。したがってUDのプロセスにおいては、ユーザーの関与がきわめて重要になってくる。しかしながらすべてのユーザーが自分のニーズを第三者にわかるように表明できるわけではない。ここにおいて、ユーザーにある一定の能力が求められることがわかる。これを利用の専門家という意味で、「ユーザー／エキスパート」と呼ぶ。

もともとのユーザー／エキスパートは、オストロフの以下の一文で説明されている。（訳、川内）「（前略）ユーザーは、デザインプロセスにおいて、さまざまな角度からしょっちゅう目を光らせている天然資源ともいえるものである。（中略）UDを考える場合には、デザイナーは潜在的な消費者の経験から多くのことを学ぶことができる」（文1、p. 33）。

「自分の周囲の環境を使う際に自然に専門的な使いこなしの技術をもつようになった人は誰でもユーザー／エキスパートである。（中略）ユーザー／エキスパートの生活経験は多くのデザイナーがもつ生活経験とは強い対比があり、すでにできている製品や場所を評価する場合にも、開発中の新しいデザインを評価する場合にも非常に貴重である」（文1、p. 34）。

「彼らは問題点を明確にし、デザイン上の問題に対して新しい方法を組み立てることを助けてくれる。

（中略）（デザインプロセスに：筆者注）いろいろな人を含むということは、そのデザインを必要としている多様な人々に対するデザイナーの視野を広げさせることになる」（文1、p. 35）。

ここでオストロフはユーザー／エキスパートをきわめて大まかに定義づけているが、実際のユーザーには以下のように、いくつかの段階がある。

自分のニーズを客観化できず、他者にもきちんと表明できない。
↓
自分のニーズを他者に表明できる。
↓
自分以外のニーズに対しての視点をもつ。
↓
自分と他者のニーズを包括的にとらえ、それらの双方を表明できる。
↓
自分と他者のニーズを共存させうる解決策を求めていく。

これらの比較からは、自分のニーズに閉じこもっているユーザーから、より広い視野で物事をとらえようとするユーザーへの変化を読み取ることができ、後者のほうがより望ましいユーザー／エキスパートだということができるであろう。

しかしながら、これではある一定の能力をもたない限り、ユーザー／エキスパートになれないことになるが、はじめからユーザー／エキスパートとしての何らかの能力をもつ人はきわめてまれであろう。単なる利用者としてのユーザー／エキスパートはたくさんいるが、問題の解決に向けての建設的な提案ができるようになるためには、いくつかの場を経験していたり、専門家の援助があることによって、ユーザー／エキスパートとしてさらに高いレベルに育つ／育てられることが必要なのである。また、何らかの制約でそこまでにはなれない人に対しては、外見からの行動観察や個別のインタビューによってそのニーズを引き出す支援が必要な場合もある。

7　単体―システム―全体

ユーザーにとってより使いやすいバスを考えると、いくつかのレベルの異なる見方ができる。まず重要なのは、バス自体が乗降しやすいかどうか。この視点から見ると、乗降口に段差がなく、床面も低いノンステップバス（NSバス）はUDだということができる。しかしながらNSバスであるだけで利用客に使いやすいバスだとは、必ずしもいえない。利用客が喜んで乗るバスであるためには、バスのルートやダイヤが利用客のニーズに合致したものであることが必要であろうし、鉄道駅とバス停がうまくつながっていて乗り換えやすいといった、他の交通モードとの関連も重要である。乗客が喜んで乗るバスとは、バスそのもの（単体）、バスシステム（システム）、バスと他の交通モード（全体）

のそれぞれが一定水準であることが必要であり、それらの諸条件が整うことでUDなバスだといえるのである。ユーザー／エキスパートはこのような多様で重層的な視点をもつことが望ましい。

たとえば歩行者にとって使いやすい横断歩道橋を考えるとき、エレベーターをつけることも一つの方法であろうが、そもそもそういった歩道橋が本当に必要なのかといった視点で考えることも必要であろうし、歩行者を中心とした交通体系はどうあるべきかという見方も必要なのである。

8　UDを実現する体制

UDは「すべての人に使いやすい」という目標を目指して不断の努力を重ねていくところに意味がある。筆者は、一つの答えを出してそれをUDと呼ぶかどうかに意味があるとは思わない。それがUDと呼ばれようが呼ばれまいが、利用者にとっては使いやすいかどうかが問題であり、どんな解決方法であっても使いにくいという人は必ずいるはずで、その人にとっては、それがどう呼ばれているかは意味をもたないからである。

「可能な限り最大限に」を目指すためには、ユーザー／エキスパートの関与によって設計－ものづくりを行なったあと、当初の目論見に合致しているものができているかどうかを事後評価する必要がある。その事後評価結果をフィードバックして改良に役立てるわけだが、その評価結果を別のプロジェクトに役立てることで、それはさらに有効活用されるようになる。

既往のプロジェクトに学び、それを後発のプロジェクトに活かしていくことを繰り返すことで、長い目で見れば、社会はより多くの人にとって使いやすくなっていく。これによって徐々に「可能な限り最大限に」をめざしていくことができるのである。

このように既往のプロジェクトの評価結果を活用することで次のプロジェクトはより高い品質をめざすことができ、それを繰り返すことで社会全体での品質を向上させようとする考え方を、渦巻状に品質がよくなっていくということで「スパイラルアップ」とよぶ。スパイラルアップの実現のためには、「継続的な改善」を行なうことが必要であり、それは単発的な取組みでは実現できない。すなわち、UDを実現するには、それを可能にする体制を構築する必要があるということである。

さらに、あるプロジェクトでスパイラルアップの仕組みを構築したとして、そこでの事後評価結果を別のプロジェクトに活用するには、評価情報が共通の書式によって表わされ、また集積、整理されていて、欲しい情報にアクセスしやすいことが必要である。すなわちスパイラルアップには、個別プロジェクトにおけるスパイラルアップと、それら個別プロジェクトでの成果をつなぐことで実現する社会全体におけるスパイラルアップがあり、それらが相互に関連している必要があるのである。

9　「ユニバーサル」への批判

UDは米国生まれの考え方であるが、ヨーロッパでは「Universal」という用語に疑念を呈し、「インクルーシブ（Inclusive）」という用語を使っている人たちがいる。Universal はあらゆる目的にかなうとか、万人に通じる、といった意味をもち、そこから、きわめて多様なニーズを一つのやり方で解決することは不可能である、という批判につながっているのである。

私は英語を母国語としていないので、単語に含まれる細かいニュアンスについてはわからないが、きわめて多様なニーズを一つのやり方で解決することは不可能である、という意見には当然のことながら同意する。ただ、彼らの批判は単語の本来的な意味についてのものであり、UDの関係者によるUDそのものへの解説については理解が不十分だといわざるを得ない。一つのやり方で解決するなどとは、誰も言っていないのである。むしろいくつかの選択肢を提供し、利用者が自分の判断でどれをどう使うかを決めていくことのほうが現実的であるし、好ましい解決方法であるという点で、関係者の意見はほぼ一致しているといってもいいだろう。

ただ、これは実際の物的環境を利用する場面においてのことであり、私たちはもうひとつ、別の視点から考える必要がある。

メイスがUDを言い始めたときの主要な主張の一つに、市場のことがあった。彼は、これまでの市場が多くの消費者を相手にして生産規模も大きくどこでも入手できて安価な「一般市場」と、限られたニーズのために少量しか生産されず入手手段も限られておりデザインも洗練されていないのに高価である「特殊市場」に分けられてきたことに不満を示し、そういった市場の区別を生まないこともUDの考え方に込めていた。

市場が対象者の多い一般市場を中心に展開されることは、これまでの販売方法では無理からぬところがあった、展示のスペースは限られており、一定期間にあるレベルの売り上げを確保できなければ、その商売そのものが成り立たなくなる。したがってより多くの顧客をターゲットにすることは自然であり、その一方で対象者の少ないものは特殊市場としてある種の希少価値をもちつつ、高い価格を維持することで生き残ってきた。しかしインターネットの出現で、もはや展示のスペースは問題ではなくなった。店頭の商品を早く回転させる必要も薄れてきた。これまで一般顧客の目に触れなかった「特殊品」も、「一般品」と同列で展示されることが可能になり、そこではもはや一般品と特殊品の区分けもいらない。消費者は多様なラインナップから自分に合うと思うものを選び出していくだけのことであり、もはや「一般市場」と「特殊市場」の境界はなくなりつつある。そのことは、これまでは無骨でも許されてきた特殊品に、商品としての総合力の向上を求めることになる。

すなわち、利用の現場レベルでは「一つのやり方」は正しくないが、それが提供される市場は一つでなければならないし、それは可能なことなのである。

「Universal」という用語を批判する人たちの視野が個別の製品や環境のみに絞られていることは残念なことである。用語にこだわらず、あるべき実質に論を展開すべきだと思うのは、英語を母国語としないものの気軽さなのだろうか。

10　まとめ

本稿ではUDについて概観した。UDという言葉は何か記号のように使われることが多いが、それの表わす意味はいろいろな側面をもっており、また、語る人ごとに解釈の異なっている場合も多い。しかもUDそのものがここまでやればいいという到達点をもっているわけではなく、そうなるとUD

とは、ただ単に「可能な限り最大限に」を追い求めていこうとする営みだと換言できるかもしれない。

何がどうであればＵＤであると断言することは、はなはだ困難なことである。何かのマニュアルに従えばＵＤになるというものでもない。ＵＤは常に試行錯誤の繰り返しであり、私たちにできるのはその錯誤の部分をできるだけ小さくすることであろう。ここで必要なのは継続してそれを行なうことであり、継続を維持にするには、それを可能にする体制が必要である。これまでのＵＤ論では具体的なものづくりについての議論はされてきたが、それを継続できる体制についてはほとんど論じられていない。私たちはＵＤが既存のものづくりの手法や体制にくさびを打ち込むものであることを、そろそろ認識する必要がある。

その新しいものづくりの体制下では、作り手と使い手の関係も問われることになる。これまでは、ものづくりのプロセスにおいて使い手が関与することがほとんどなかった。ＵＤが提起したのは「作るプロ」に比肩しうる「使うプロ」として使い手を再認識することであり、それは換言すれば、作り手、使い手双方に、プロとしてのより一層の成熟が求められているということなのである。

★1　ここでいう社会環境とは、私たちを取り巻いている、人間が作り出した物的環境をいい、都市、建築等はもちろんのこと、身の回りの工業製品なども含む。

★2　http://www.design.ncsu.edu/cud/about_ud/about_ud.htm

文1：Ostroff, Elaine. 1977. "The User as Expert" in "*Innovation*", Spring 1997, the Industrial Designers Society of America.

第4章　社会批判としてのユニバーサルデザイン——または福祉社会のための科学技術批判について

木原英逸

一九六〇年代から七〇年代へかけての「科学技術批判の時代」は、同時に厳しい社会批判の時代でもあった。批判されるべき社会における人間支配の様式、権力の様式を、支え強めるものとして、科学技術のあり方が批判された。そこには、明らかに、社会批判と科学技術批判は相互に不可分だとの認識があった。驚かれるかもしれないが、高齢社会の今日、注目を集めるユニバーサルデザインの活動もまた、この認識につらなるものだと考える。

1　ユニバーサルデザインとは

周知のように、ユニバーサルデザインとは、建築家ロナルド・メイスによって一九八〇年代から提唱されてきた考え方で、「誰にでも公平に使用でき市場性があること」「使い方に自由度が高く、諸個人の広範な好み・能力に対応していること」「簡単・直感的で使い方が分かりやすいこと」「使用に必要な情報を知覚しやすいこと」「使用の誤りが危険につながらないこと」「少ない身体的負担で快適に効率よく使えること」「誰もが近づいて使える寸法や空間になっていること」の7つの原則で構成されている。ただし、すべてのユニバーサルデザインがこの7つの原則に適っているわけではないし、この7つの原則に適うものだけがユニバーサルデザインなのでもない。「7つの原則」は、ユニバーサルデザインのヒントであり、機械的に適用されるべきものではないとされている。[★1]

事実、この7つの原則の間には重なりもある。例えば、第1と第7原則、第3と第4原則には一部重なりがある。また、7つの原則間には重なりもある。また、7つの原則の間には矛盾の契機も孕まれている。例えば、第1原則の典型例として挙げられる、ドアを手で開けられる人にもそうでない人にも、誰にも公平に使用できる「センサーつき自動ドア」は、他方で、ドアを手で開けたい人も開けたくない人もいる以上、また、急いで通りたい人も急がない人もいる以上、そうした個々人の広範な好み・必要に対応すること、つまり第2原則を封じている。すべての使用者に同じ（使用）手段を与えることを狙う第1原則と、個々人の要求・必要に応じて（使用）手段に選択を与えることを狙う第2原則の間には、緊張関係がある。平等と自由の緊張関係である。7つの原則が、ユニバーサルデザインの定義ではなく、あくまでそのヒントであることは、以上の簡単な指摘からも理解されるだろう。

デザイン現場で使われているユニバーサルデザインの考え方はこのように多様な側面をもつが、本稿は、ユニバーサルデザインを他のデザイン思想と最も違うものにしている点に注目する。それは、ユニバーサルデザインの考え方のなかに、すべての使用者に等しい（使用）手段を与えつつ、個々人の必要に応じた（使用）手段の自由な選択をも可能にしようとの狙いが見られる点である。第2原則の言うところをこの方向で捉え返そうというのである。事実、第2原則の典型例として挙げられる、利き手に拘わらず使える「持ちかた自在の鋏」は、この特徴を萌芽的にではあるが示している。

本稿は、ユニバーサルデザインに萌芽的に含まれているこうした考え方を、さらに二つの方向で展開する。ひとつの方向は、「多様な人々が個々の必要に応じて（使用）方法・手段を自由に選択できるようにする」ことに関わる。そのようなデザインを目指すなかで、ユニバーサルデザインは、これまでのところ、もっぱら、人々の間にある身体的・精神的能力の相違に注目してきた。それを、人々の間にある物的・財的・時間的資源所有の相違にまで拡大し、そのなかで、多様な要求・必要をもつ人々のそれぞれに「使いやすい」デザインを目指す方向へと展開する。「センサーつき自動ドア」は、手の不自由な人には使いやすいデザインであるが、時間のない人には使いにくいデザインかもしれない。ユニバーサルデザインの思想は、こうした方向に拡大し、発展していく可能性を孕んでいる。

本稿が、ユニバーサルデザインの考え方を展開してゆくもうひとつの方向は、「すべての使用者に等しい（使用）手段を与える」ことに主として関わる。つまり、等しく手段を与えることで、すべての使用者に（使いやすさ、即ち、費用効果の評価に違いはあるものの）ある目的実現の機会が等しく開かれる。「センサーつき自動ドア」は、手の不自由な人にもそうでない人にも、時間のない人にもある人にも、等しく、建物の内に入る（外に出る）機会を開く。つまり、その限りで、平等対等な人間関係を作りだす。その意味で、ユニバーサルデザインは、そもそもが、人工物のデザインであるとともに、人間・社会関係のデザインでもある。しかし、人々に等しく機会を開く手段は、人工物に限らない。多くの社会制度もそうである。また、機会が開かれある目的が実現するならば、その目的を価値とする人にとってそれは幸福・福祉の実現である。本稿は、ユニバーサルデザインを、人工物デザインから社会デザインへと拡大し、広く福祉社会への新たなデザイン・構想として展開する。そうした可能性が、ユニバーサルデザインの思想には含まれている。

以上二つの方向へ拡大することで、ユニバーサルデザインがもつ社会批判としての豊かな可能性を示してみたい。

2　ユニバーサルデザインとバリア・フリーの分離

ユニバーサルデザインとは、その核心を一言で言えば、すべての人それぞれの前に、利用可能な選択肢の集合、つまり機会集合を等しく開き、それによって各人の自己決定の実質を確保しようとするデザイン活動である。しかし、ユニバーサルデザインは、その歴史的経緯もあって、もっぱら障害者だけにかかわることと誤解され、「バリア・フリー」と混同されてきた。

しかし、バリア・フリーが、現在の人工環境（社会）に対応しにくい人に特別な手段で対応する方法であるのに対し、ユニバーサルデザインは、特別でない手段で対応する方法であり、その点で両者の考え方ははっきりと区別される。[★2]

例えば、障害のある人は従来仕様の駅の階段は使えない。駅を渡った向こうの商店街へ行く機会が開かれていない。そこで、機会を開くために「特別」仕様のリフトや台車を選択肢・手段として用意する。これがバリア・フリーの考え方である。しかし、これは他人事として排除する発想であり、かえって障害の強調になってしまう。機会を開くこと（アクセシブル）のみを目的とし、特別扱いを容認しているからである。

それに対し、たんに機会を開くだけでなく、特別扱い、特別な選択肢を排して、すべての個人に等しい選択肢集合を開き（標準化）、そのうえで、多様なニーズをもった多様な人々が、個々のニーズ・目的に相応しい選択肢・手段を自由に選択する。これがユニバーサルデザインの考え方である。例えば駅の昇降口に、エレベーター、エスカレーター、階段の3点セットを標準装備して、元気で急ぐ時は階段を、少し足を痛めた時や妊娠の時はエスカレーターを、そして大きな荷物をもっているとき、高齢になって車椅子になった時はエレベーターをと、それぞれの必要に応じて自由な選択を可能にするのである。

では、こうしたユニバーサルデザインの考え方は、（少子）高齢化が進むなかで、どのような社会を構想しているのだろうか。

さまざまな技術・人工物によって支えられている我々の社会では、新しい複雑な技術を使いこなせるか否かで、その人の前に開かれる機会に差が生じやすい。こうした社会がそのままに高齢化すると、それだけその差は大きくなるおそれがある。概して高齢者はそうした技術を使いこなせず、その結果、自らの前に開かれる選択集合が限られる、つまり自由の実質を失うおそれがあるからである。

それは「デジタル・デバイド」の場合だけでなく、既存の自動車交通システムのような古い技術においてもそうである。高齢になり足が弱った時こそ、自動車利用が出かける機会を開いてくれる。しかし、現状の自動車交通システムでは、高齢になれば危険だから運転はやめなければならず、それだけ出かける機会はなくなる。

このとき、例えば、介助サービスを利用すれば出かける機会はもてる。しかし、それだけ社会的費用がかかり、それゆえ自ら運転して出かける時と比べ移動の自由も少なくなる。そこで、介助サービスほどは社会的費用をかけずに、しかし、それより大きな自由を確保できる道として、高齢者自身に技術リテラシーを求めるという考えが出てくる。高齢になって身体機能が変化しても安全に運転できるようその技能を高め、自由に出歩けるようにしようというのである。

確かに、高齢者は、しばしば、技術を使いこなす技能に欠けている。しかしそれを言うなら、多くの技術は、そうした高齢者の使用に対応できる性能を欠いている。高齢者が、ある意味で障害者だと言うのなら、多くの技術もまた障害技術である。そして、一般に、人々のもつ技能と、技術・人工物のもつ性能との間に、このように食い違い、ずれがあるとき、それを埋める方法のひとつは、人々の技術リテラシーの向上に訴えることである。しかし、もう一つの解決法は、もちろん技術のほうの性能を人々のもつ技能に合わせてゆくことである。

そして、人々の技術リテラシーの向上には限度があること、また、そもそも、人々がどのような技術リテラシーをもたねばならないかは、ひとえに当の技術・人工物のもつ性能に依存していることを考えるならば、むしろ、主たる解決法は、技術の性能を改善することにある。

ユニバーサルデザインは、技術・人工物の性能を、人々のもつ多様な技能、必要にできるだけ広く対応するようデザインすることで、高齢者を含む人々の利用機会を拡大しその自由の実質を確保しようとする。しかも、それを、高齢者に向けた「特別」仕様をデザインすることによってではなく、すべての人に等しいデザインをもって行なおうとする。そして、それによって、人工物を作ることにかかる資源の効率化も図ろうとするのである。社会の一部に向けるよりも、広く社会全体に向けて大量生産すれば、経費は削減されるからである。

この意味で、ユニバーサルデザイン活動は、高齢化社会の進展に向けて、限られた資源利用の効率化と個人の自由をともに最大限守りながら、社会の別のあり方を考えてゆこうとするひとつの試みのように思われる。

そして、社会の別のあり方を考えるとは、優れて社会批判に他ならない。その意味で、今日のユニバーサルデザインの活動は、社会批判と科学技術批判が相互に不可分だとの認識につらなっている。この点についてはいま少し説明が必要だろう。

3　科学技術批判と社会批判の結合

一般に、「批判」とは、批判する者が、批判される者の行為選択について、ある基準（そして／またはある情報）に照らせば、別でもあり得た、また、あり得ると仮想し、今あるそのあり方を、より広い可能性のなかで相対化し限定することである。その意味で、社会批判と科学技術批判が相互に不可分だというのは、ある基準に照らせば、今ある科学技術は別様でもあり得た、または、あり得ると示すことが、今とは別のあり方をする社会の可能性を示すことにつながり、逆に、社会が別のあり方でもあり得ると示すことが、科学技術の別のあり方を可能性として示すようになることに他ならない。

人工物のつくり方や配置の仕方、つまり、そのあり方が別様でもあり得ることを示すという意味で、デザイン活動は科学技術批判のひとつの形である。また一般に、我々、人の行動は、人によってつくられたもの、人工物によっても制約されている。そして、人が左右できる、人の行動の制約として権力現象を捉えるなら、人工物にはその意味で権力現象が体現されている。[★3] したがって、人工物の別のあり方を示すことは、そこに体現されている権力現象に別のあり方を示すこと、つまり、人間関係・社会関係に別のあり方を示すことであり、それは、ある形で、今とは別のあり方をする社会の可能性を示すこと、即ち、社会批判のひとつの形に他ならない。科学技術批判が社会批判につながるのである。

しかしでは、そもそも、誰がなんのために、あえて人工物に別のあり方を示そうとするのか。当然ながら、それが問われなければならない。そしてここに至れば、批判とは、批判者のもつある価値基準・物差に照らして初めてなされるものだという点が、改めて指摘されなければならない。

では、一九七〇年代後半から八〇年代にかけて結晶してきた「ユニバーサルデザイン」という科学技術批判は、どのような基準に照らしての批判なのか。それは、すでに述べたように、すべての人それぞれの前に機会集合を等しく開き、各人の自己決定の実質を確保しようとの価値基準、それに依って立つ科学技術批判である。そして、これは、「対等」で「平等」な関係のなかでの「自由」の実現を目指すものとしての「リベラリズム」、「デモクラシー」もまさにそれに寄与する限りで正当化される、その価値基準に他ならない。[★4]

要するに、「ユニバーサルデザイン」は、その科学批判としての基準を「リベラリズム」という政治思潮に負っている。そして、リベラリズムとは、対等と平等のなかで自由を可能にする、今とは別の社会のあり方、その可能性を示す社会批判に他ならない。社会批判が科学技術批判につながっているのである。

事実、ユニバーサルデザイン思想・運動の源を歴史に求めると、一九六一年に発表された、全米基準協会American National Standards Instituteの設計基準に行き着くと言われる。それは、一九六四年の米国での公民権法Civil Rights Act制定へと至る流れのなかで、バリア・フリー実現への要求が高まり発表されたものであった。ユニバーサルデザインの思想と運動は、公民権法を求めるリベラリズムに基づく社会批判と密接不可分の科学技術批判から出発したのであり、その後、バリア・フリーからユニバーサルデザインへと展開してきたなかで、社会批判と科学技術批判は相互に不可分だとの認識を、改めていま我々に示している。

4　狭い福祉と広い福祉の結合

また、ユニバーサルデザインの考え方は、「福祉」についての新たな見方を我々に開いてもいる。以下では、視野を広げてこの点を検討しておきたい。

これまで、「福祉」とは何かと問うとき、さしあたりは、狭義の福祉の考え方と広義の福祉の考え方を分けておく必要があると指摘されてきた。確かに、我々が、例えば福祉施設や福祉機器について語るとき、その福祉の対象は、「社会的に弱い立場にある人々」、例えば子供、高齢者、障害者、貧者、（女性）など、限定されたものである。一方、公共の福祉や人類の福祉について語るとき、その対象は無限定で、あえて言えば、誰もの幸福・福祉が問題とされている。「狭義の福祉」とは、社会的に弱い立場にある人々や恵まれない人々の（自立した）幸福追求を可能にすべく、社会がそれらの人々を自立できる地点まで援助することであり、「広義の福祉」とは、広く人々にとっての幸福であり、（自立している）その追求をよりいっそう可能にすべく社会が援助することである。

また、いささか単純化した言い方をすれば、広義の福祉においては、もちろんそれだけと言うのではないが、主に市場メカニズムがその多くを供給してきた。他方、狭義の福祉においては、例えば市場による広義の福祉供給の失敗を埋め合わせるべく、主に国家が、例えば児童福祉、老人福祉、生活保護など、さまざまな福祉法、社会保障制度を制定し、公権力を働かせることでその多くを供給してきた。

このように、二つの福祉の考え方はその定義・意味と対象（と、場合によっては供給方法）において区別されてきた。そして、この区別に照らせば、現在の人工環境（社会）に対応しにくい人に、特別な手段で対応するバリア・フリーは、狭義の福祉の考え方に依るものだと言える。

福祉・幸福の追求とは、価値実現の追求であり、それを可能にする手段・機会の追求である。狭義の福祉が対象とする「社会的に弱い立場にある人々」とは、そうした機会が足りず少ない人々であり、この不足を社会がさまざまな手段で補い、機会を広げてそうした人々の福祉・幸福を可能にすること、つまり、自らの前に開かれた「十分な」機会のなかから、各人がその多様なニーズ・目的に相応しい選択肢・手段を自由に選択する、それが「自立している」ということなのだが、それを可能にしようとするのが狭義の福祉の考え方である。

バリア・フリーも同じである。障害のある人には、駅を渡った向こうの商店街へ行く機会が開かれていない。機会が足りないのである。そこで、機会を広げるためにリフトや台車などの福祉機器を用意する。これがバリア・フリーの考え方であった。しかも、機会を広げるのに「特別な」手段をもってする。特別な手段であるから、当然、その対象は限定されたものとなる。そして、狭義の福祉の対象が限定されたものであるのも同じことで、少なくともこれまでは、狭義の福祉が特別な手段を用いて追求されてきたからなのである。

これに対し、ユニバーサルデザインは、現在の人工環境（社会）に対応しにくい人に、特別でない手段で対応する方法であった。つまり、駅の昇降口に、エレベーター、エスカレーター、階段の3点セットを標準装備して、障害のある人に機会を開くだけでなく、高齢者や妊婦、体の弱い人（そうした社会的に弱い人々）から健康な人まですべての人に、より多くの多様な機会を開き、それによって、多様なニーズをもった多様な人々が、個々のニーズ・目的に相応しい選択肢・手段を自由に選択することを可能にする。その意味で、ユニバーサルデザインにおいては、「狭義の福祉」の追求が「広義の福祉」の追求に結びつき重なっているのである。

もちろん、狭義の福祉による特別な対応が必要な人々は依然としてあるだろう。したがって、狭義の福祉の考え方が不要になるわけではない（同じことは、バリア・フリーの考え方についても言える）。

しかし、すべての人に等しく人工環境（社会）をデザインすることによって、可能な限り狭義の福祉と広義の福祉の不必要な区別をなくし、自立できずにいる人の自立を可能にすること（狭義の福祉の追求）が、同時に、自立できている人の機会集合にも影響しそれを変えて、より豊かな自立・自由を可能にすること（広義の福祉の追求）になるような福祉社会を構想する、それがユニバーサルデザインの思想なのである。

それは、狭義の福祉をなるべく広義の福祉のなかで追求し、平等な関係のなかで自由を実現しようという、「福祉」についての新たな見方である。従来、狭義の福祉はその対象が、社会の少数派に限定されていたがゆえに、多くの人々にとってそれは他人事、無縁なものでしかなかった。しかし、それがこうして広義の福祉のなかで追求されることになってゆけば、その分それは、もはや他人事ではなくなっていくのである。

いずれにせよ、このようにユニバーサルデザインの思想が、狭義の福祉を広義の福祉に結合できたのは、人工物・環境のデザインを変えると、自立と非自立とを問わず、すべての人の機会集合が変化するからなのであった。しかしそうしたことは、すでに本節での議論が示唆しているように、何も人工物のデザインに限ったことではないのである。

5　ユニバーサルデザインの拡大：リベラルな福祉社会へ

したがって今や、我々は、社会批判としてのユニバーサルデザイン思想・運動が、人工物の設計・デザインを通じて科学技術批判につながるだけでなく、直接、社会制度・システムの設計にも適用されうることを知らなければならない。ここでは、そうした例を、社会福祉としての教育政策からひとつだけ挙げておきたい。

日本政府の奨学金事業は日本育英会が行なってきたが、そこでの事業目的は、教育の機会均等の確保と一八歳以上自立型社会の確立にあるとされる。しかし、その事業が苦学生に勉学の機会を与えることから始まったという歴史的経緯もあって、これら二つの目的のうち、これまでは前者に重みが掛かってきた。

つまり、家計の貧しい学生の前には、人生の階段を上っていく機会が開かれていない。そこで、機会を開くために「特別」仕様の奨学金を用意する。それは奨学金制度がバリア・フリーの考え方で設計されてきたということである。

これに対し、奨学金制度をユニバーサルデザインの考え方で設計するとどうなるか。障害をもつ人ばかりでなく、健常な人のなかにも、荷物を抱える人、足を痛めた人など、駅の階段に対してさまざまな必要をもつ人があるように、奨学金制度に対しても、家計の貧しい学生ばかりでなく、家計の豊かな学生のなかにも、親の庇護下から自立したいなど、それを求めるさまざまな必要があるだろう。そこで、すべての学生に等しい奨学金貸与の機会を開き、そのうえで、多様なニーズをもった多様な学生が、自らのニーズ・目的に相応しい借用の途を自由に選択する。これがユニバーサルデザインの考え方で奨学金制度を設計することである。

そして、そのように奨学金制度を設計して初めて、一八歳以上自立型社会の確立という、日本政府の奨学金事業が掲げる第二の目的が達成されるのだと思われる。日本の若者も親に経済的に依存することが少なくなれば、否応なく、さまざまな面でその自立が促されるだろうからである。そして、そうした社会は、「対等」で「平等」な関係のなかでの「自由」の実現を目指すリベラルな社会に、それだけ近づくのだと思われる。★5

★1 この7原則は、メイスを含んだアメリカのユニバーサルデザインのリーダーたちが一九九五年にまとめたもので、その後改訂を経たものが、ユニバーサルデザイン・センターのホームページ http://www.design.ncsu.edu/cud/ にも掲載されている。
★2 ユニバーサルデザインをバリア・フリーと区別するここでの視点は、川内美彦『ユニバーサルデザイン：バリア・フリーへの問いかけ』学芸出版社、二〇〇一に着想を得たものである。
★3 L・ウィナー『鯨と原子炉：技術の限界を求めて』紀伊國屋書店、二〇〇〇（原著一九八六）2章を参照。
★4 ここでは、政治思想としての「リベラリズム」の内実を示さずに議論を言い切ってしまっているが、もちろん、その内実を示す必要がある。しかし、今は十分な準備がないので、課題としたい。
★5 ユニバーサルデザインにとって、多様な人々の多様なニーズをどうやって摑むのかは決定的な論点だが、それに果たす、市場システムや住民参加の役割などに本稿は触れていない。そうしたことも含め、ひとつの問題提起としたい。
なお、本稿での論点の詳細は、木原英逸「社会批判としてのユニバーサル・デザイン：または福祉社会のための科学技術批判について」科学技術社会論学会『科学技術社会論研究』3号、二〇〇四、三八―五〇頁にある。

第5章　アクセシビリティはユニバーサルデザインと支援技術の共同作業により実現する

石川　准

1　ユニバーサルデザインと支援技術

ユニバーサルデザイン（Universal Design）とは、身体的・能力的特性の違い、文化的・言語的差異などを問わずに利用することができる施設、設備、製品、サービス、情報などの設計（デザイン）のことであり、端的にいえば「できるだけ多くの人が利用できるようにデザインする」という物作りの基本原則のことである。

このようなユニバーサルデザインを進めるには、さまざまな特性をもった利用者、製造メーカー、サービス提供事業者、行政、研究者等が一堂に会して継続的に話し合い合意形成し、ユニバーサルデザインを具現する社会規範（固い法や柔らかい法）を策定して、全アクターの行動を等しく規制するとともに、ユニバーサルデザイン化に努力したアクターが利益を得られるような選択的報酬を社会全体として提供する仕組みを整える必要がある。

こうした社会的仕組みのないところでは、概して個々の事業者は、自己の費用対効果のバランスシ

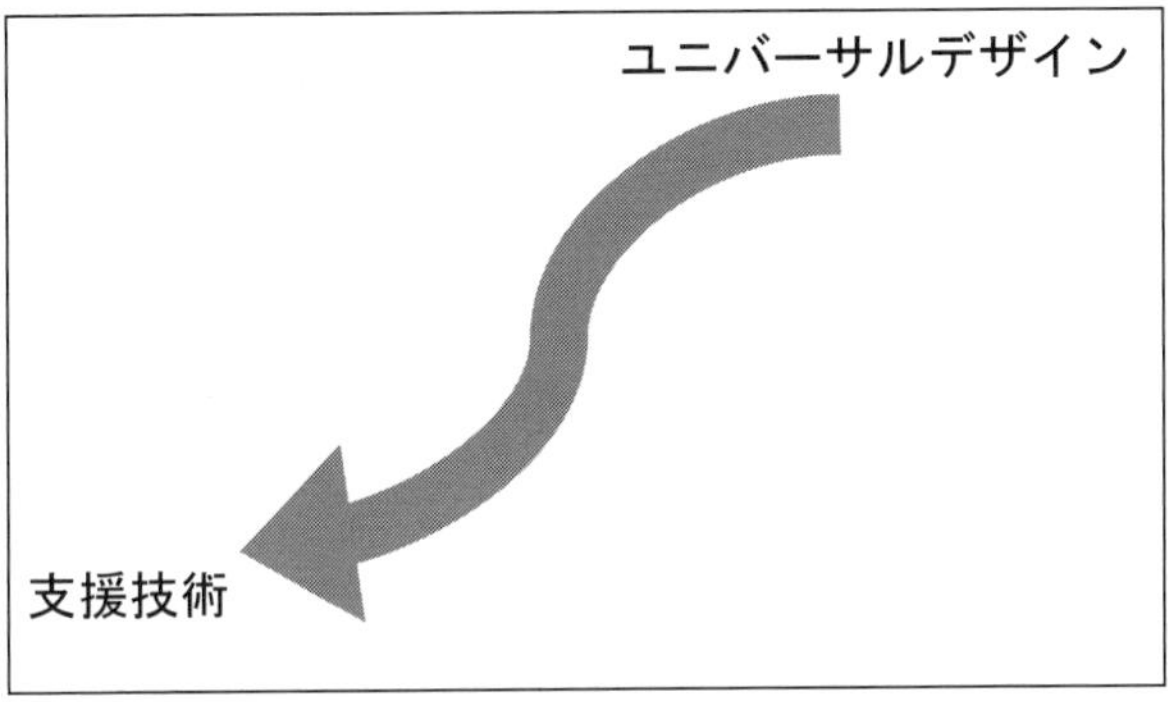

図1　上流の技術と下流の技術

ートを無視してまでユニバーサルデザインのコストを引き受けようとはしない。市場原理のうえで利益を追求する事業者、利益追求を怠ると市場から退場しなければならない事業者からすれば、顧客群の特性分布の周辺部を適当なところで切断し顧客の範囲を限定するのはきわめて合理的な行為だからである。

ユニバーサルデザインが最も上流の技術であるのに対して、支援技術（Assistive Technology）は最も下流の技術である。ユニバーサルデザインがユーザ特性の多様性に配慮して、なるべく多くのユーザにとって使える・使いやすい施設、設備、製品、サービス、情報を提供するものであるのに対して、支援技術はユーザに最も近いところに位置し、個々のユーザ、特定のユーザ群に対してアクセシビリティ（利用可能性）やユーザビリティ（使いやすさ）のためのソリューションを提供する（図1）。

支援技術を代表するものにスクリーンリーダーがある。スクリーンリーダーは、画面拡大ソフトウェアや点字ディスプレイ端末などとともに視覚障害者がコンピュータを操作する際の必須の道具である。また、手をうまく動かすことのできない上肢障害者には、オンスクリーンキーボードやスイッチが必要であり、運動障害がさらに重くなれば、視線入力や筋電入力という支援技術が必要となる。

ユニバーサルデザインと支援技術の関係は相補的である。一方が存在しないところ、不十分にしか存在しないところでは、アクセシビリティを実現するためのもう一方の負担は過度なものとなるのみならず、実現できるアクセシビリティの水準は低いものにとどまらざるをえない。言い換えれば、両者がそれぞれの役割を十分果たしてこそ高いアクセシビリティが実現するといえる。

2 アクセシビリティ

一九九八年の米国リハビリテーション法五〇八条の改正とその施行規則にあたる「電子・情報技術アクセシビリティ基準（Electronic and Information Technology Accessibility Standards）」の策定は電子情報通信分野のアクセシビリティを進展させる出来事だった。

この法律によって、連邦政府が調達、使用する製品や、一般市民に提供する情報、サービスに対して、障害をもつ政府職員、一般市民が、障害をもたない人と同等にアクセスできるようにすることが義務づけられた。政府のウェブサイトや、連邦政府が新たに購入する情報機器やソフトウェアなどは、それが「過度の負担」とならない限り、電子・情報技術アクセシビリティ基準を満たさなければならなくなった。最大の顧客である米国政府向けの製品、サービスをアクセシブルにしなければならないということから、ＩＣＴ業界のアクセシビリティへの関心は否応なく高まった。

とはいえ、米国リハビリテーション法という強い追い風があっても、コンピュータソフト、電子ファイル、ウェブサイトのユニバーサルデザイン化は思うように進んでいない。そのため、スクリーンリーダーや音声ブラウザなどの支援技術は膨大なつじつま合わせを強いられている。したがって、開発コストもマーケット規模と比較して過度なものになっている。オーファンプロダクト（Orphan Product）などとも呼ばれ、支援技術のマーケットは極端に小さいため、支援技術開発ベンダーの経営基盤は脆弱である。「ハイリスク・ローリターンのビジネス」という構造的な困難があるといえる。

実際、日本には支援技術開発を助成する仕組みは一定程度あり、それらは米国などと比較しても比較的整っているといえるかもしれない。だが、支援技術機器を必要とする人々の平均購買力は概して低いうえに、支援技術機器はどうしても一般の機器に比べて高額となる。そこで利用者を支援する制度が必要となるが、我が国には日常生活用具や補装具を給付する事業はあるものの、ドイツやオランダなどの欧州諸国の制度と比較すると不十分である。擬似的にであれ、一定の開発力（開発資金）を有する開発ベンダーと、一定の購買力を有するユーザのいるマーケットを構築する必要がある。

ユニバーサルデザインから遠い領域ほど、支援技術はアクセシビリティを実現するためにつじつま合わせを駆使しなければならない。しかし、つじつま合わせは、不正確、不安定、短命、高コストという性質を帯びる。また、それはしばしば、本来別の目的で用意されている方法の流用、転用、サポート外の方法を用いざるをえない。さらには、認識系の技術のように、完全に正確な処理は原理的に不可能であるような技術に過度に依存せざるをえない。

ユニバーサルデザインという発想をもたない分野に出版がある。ここでは、支援技術はたとえ不正確であっても、OCRのような文字認識技術に頼らざるをえない。放送分野もユニバーサルデザインという発想からは遠い領域である。そのため、地上波デジタル放送のアクセシビリティ（データ放送、電子番組表、番組参加、字幕放送など）の実現は、またもやつじつま合わせをせざるをえない。

電子情報通信分野のユニバーサルデザインはマシンアンダスタンダビリティと言い換えてもよい。マシンアンダスタンダビリティが実現するところでは、つじつま合わせは不要となる。マシンアンダスタンダビリティが実現すると支援技術の性能は飛躍的に向上する。

コンピュータは画面に情報を視覚的に提示し、人はポインティングデバイスで「選択」する。今日の人とコンピュータの相互作用は大部分がこの反復である。これがGUI（Graphical User Interface）と呼ばれる人と機械のインターフェースである。今日のスクリーンリーダーは、端的にいえばこのGUIをAUI（Auditory User Interface）＝音声ユーザインターフェースやBUI（Braille User Interface）＝点字ユーザインターフェースに変換する作業を行なうソフトウェアである。GUIが一望可能性という視覚情報の特性を利用し、画像とテキストを適切に配合して場面とフォーカスを提示するのに対し、AUIやBUIは聴覚情報や触覚情報の特性である揮発性、シーケンシャルな情報の提示に配慮するとともに、音声情報や触覚情報の言語処理可能性を生かして情報を構造化し言語的に提示しようとする（図2）。

だが、低マシンアンダスタンダビリティという条件下では、このGUI―AUI変換、GUI―BUI変換は不十分なものにとどまらざるをえない。理想的には、ユーザインターフェースはユーザが

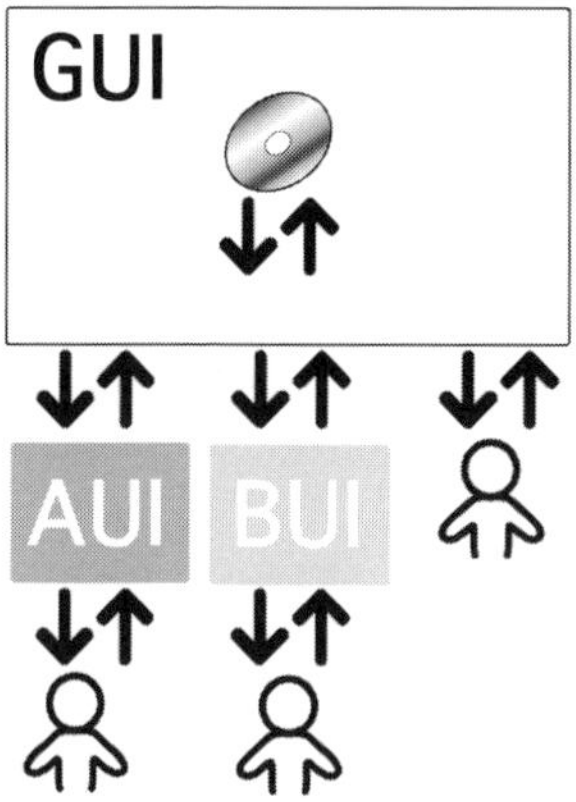

図2　GUIはユニバーサルデザインではない

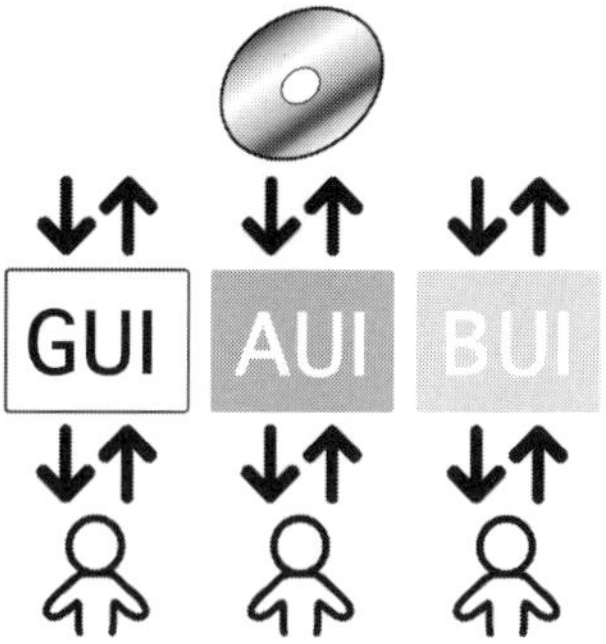

図3　ユーザインターフェースの多文化主義

自由に選択できるようにならなければならない（図3）。それを可能にするのは高マシンアンダスタンダビリティであり、それによってもたらされるサービスやタスクとユーザインターフェースの分離である。（ただし、複雑なサービスやタスクほど切り離しのために開発しなければならない技術は高度なものとなり、開発コストも巨額になる。）

もっともサーバ・クライアントモデルの相互作用では、このサービスやタスクとユーザインターフェースは原理的に独立している。たとえば、ウェブサーバとウェブブラウザは実体としても分離しており、本来どのようなユーザインターフェースをもつウェブブラウザであってもウェブサーバにアクセスすることはできる。しかし、近年の状況はウェブサイトのGUIアプリケーション化である。JAVAスクリプト、Flash, JAVAといった技術を駆使して構築されたウェブアプリケーションが、ウェブブラウザのユーザインターフェースを事実上限定するという事態である。ウェブアプリケーション化の流れはウェブアクセシビリティを進めようとする立場からは深刻な問題であるが、ここでも両者の両立はマシンアンダスタンダビリティの実現しかない。

3 オープン・アプローチとクローズド・アプローチ

電子情報通信分野でアクセシビリティを議論する際にしばしば論じられるのは、電子ファイルフォーマット、通信プロトコル、アーキテクチャ、アプリケーションインターフェースなどのオープン規格化の重要性である。オープン規格ならば、規格のどの部分をどのように改良することがユニバーサルデザインやアクセシビリティの観点から望ましいのかを、すべての利害当事者が参加して自由に議論しあえる可能性がある。さらには、たとえユニバーサルデザインの視点をもたない規格であっても、オープンな規格であれば、多少とも支援技術ベンダーによる対応の余地がある。

だが、ライバル企業を後方に残して、コンテンツプロバイダとユーザをボックスの中に囲いこもうとするビジネスモデルにとっては、独自規格は欠かせない手法である。このボックスは、中に入ることのできるユーザにとっては、透明であり不可視であり、それが囲いであることは意識されない。だが、その中に入ることのできないユーザにとっては、それは厚い壁であり、その内部はまったくのブラックボックスである。一般にコンテンツプロバイダは、自己の知的財産権を防御する仕組み（たとえばDigital Rights Management）があるかどうかに重大な関心があり、だから規格が独自のものであることはセキュリティに繋がるとして歓迎する。iTunes Music Store+iTunes+iPodというビジネスモデルの成功などはわかりやすい事例である（図４）。しかし、ユニバーサルデザインやアクセシビリティに無関心なアクターの独自規格がデファクトスタンダードになってしまうと、アクセシビリティベンダーはなにもできないということになりかねない。

もっとも、主要ＩＣＴベンダーは、内部仕様非公開のデファクトスタンダードであっても自社の技術によりアクセシビリティを実現することは十分可能であり、実際、着実に成果が出ていると主張している。代表的なものとしてはマイクロソフト社のＭＳＡＡ（Microsoft Active Accessibility）[★1]がある。アドビシステムズ社[★2]などのソフトウェアベンダーもこの枠組みを活用して自社製品のアクセシビリティを高めてきており、これからもいっそう高めていくとしている。最近ではＰＤＦのような電子ファイルやFlashのようなウェブオブジェクトも、ＭＳＡＡをサポートするという手法でアクセシブルにすることは一定程度可能になっている。

図４　ビジネスモデルとアクセシビリティの両立問題

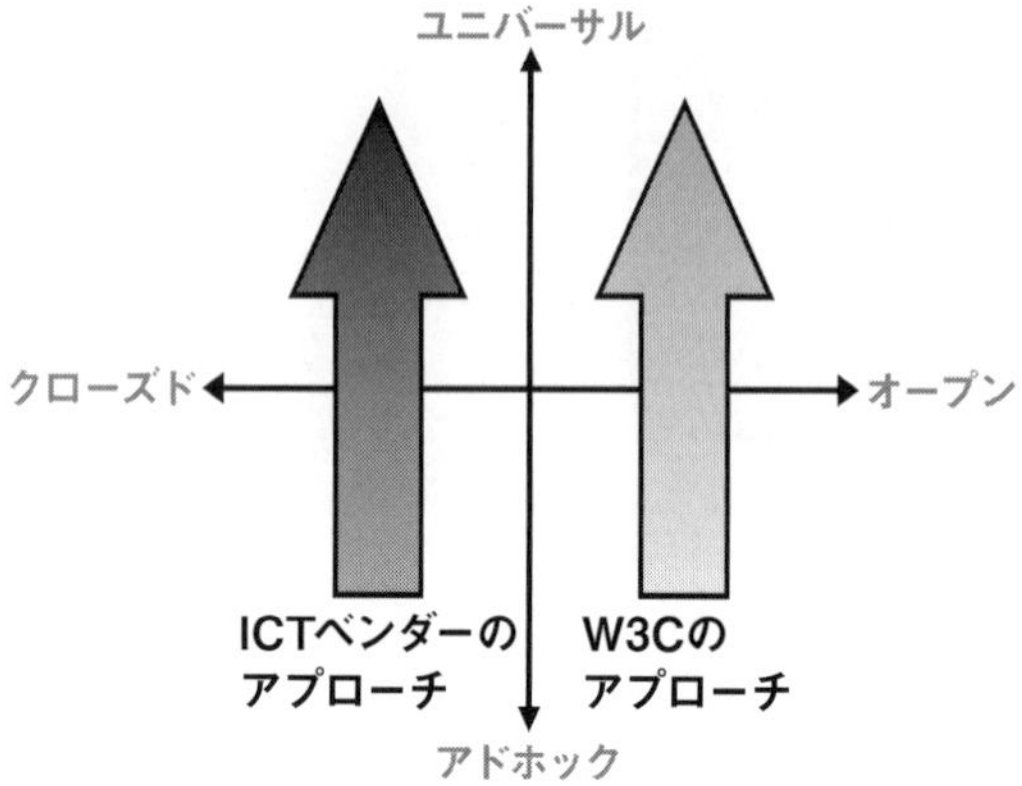

図5　アクセシビリティの２つのアプローチ

たしかに、独自規格であってもユニバーサルデザイン規範の要請に対応することは原理的には可能である。ただし、現状のＩＣＴベンダーのアクセシビリティのための手法は、実はユニバーサルデザインからは遠く、アドホックなつじつま合わせという面が強い。それは支援技術ベンダーには大きな負担であり、そのことに由来する限界があることは強調したい（図５）。

4　マシンアンダスタンダブル

一九八九年、ティム・バーナーズ＝リーは、ＣＥＲＮでネットワークを使ったハイパーテキストシステムの導入を提案した。それは電子情報通信分野の多くの研究者、技術者に圧倒的に支持され、やがて、環境に依存しない情報共有を実現するためのユニバーサルな約束としてURL, http, html の3ルールが標準化された。一九九四年には企業や研究機関を会員とするＷ３Ｃ（World Wide Web Consortium）が設立され、ウェブのオープン規格の策定を行なっている。W3Cはアクセシビリティにも力を入れるようになり、コンテンツ、ブラウザ、オーサリングツールのアクセシビリティガイドラインを策定、発表し、ウェブアクセシビリティにおいても重要な役割を果たすようになった。

W3Cのウェブコンテンツアクセシビリティガイドライン[*3]に示された指針は詳細かつ多岐に及んでいる。だが、その要点はほぼ二点に集約できる。

第一は、言語的情報は画像だけでなくテキストで表現するというものである。通常のウェブブラウザは画像ブラウザである。画像ブラウザは、画像とテキストをどちらも画像として提示する。したがってブラウザからすれば、どちらにしても結局画像として表示する以上、ウェブサーバから受け取る情報は——検索機能を提供するにはテキストでなければならないが——単に表示するだけなら画像データであってかまわない。

一方、音声ブラウザはテキストを音声として再生する。音声ブラウザは画像を音声で読み上げることはできないから、受け取って処理できるのはテキストデータと音声データだけである。

ウェブアクセシビリティを実現するための第二の要点は論理構造の提示である。画像表現はレイアウト、すなわち文字フォントの種類や大きさ、強調、色、配置などによって構造情報を提示することができる。言い換えれば、ユーザはレイアウトが適切にデザインされていれば、ただ一望するだけで、見出し、箇条書きリスト、本文、表、ナビゲーションメニューなどを難なく識別することができる。

音声表現でそうした構造情報を提示しようとすれば言語的説明が必要である。すなわち、見出しであれば「見出し」と言わなければならないし、リストであればリストと言わなければユーザには伝わ

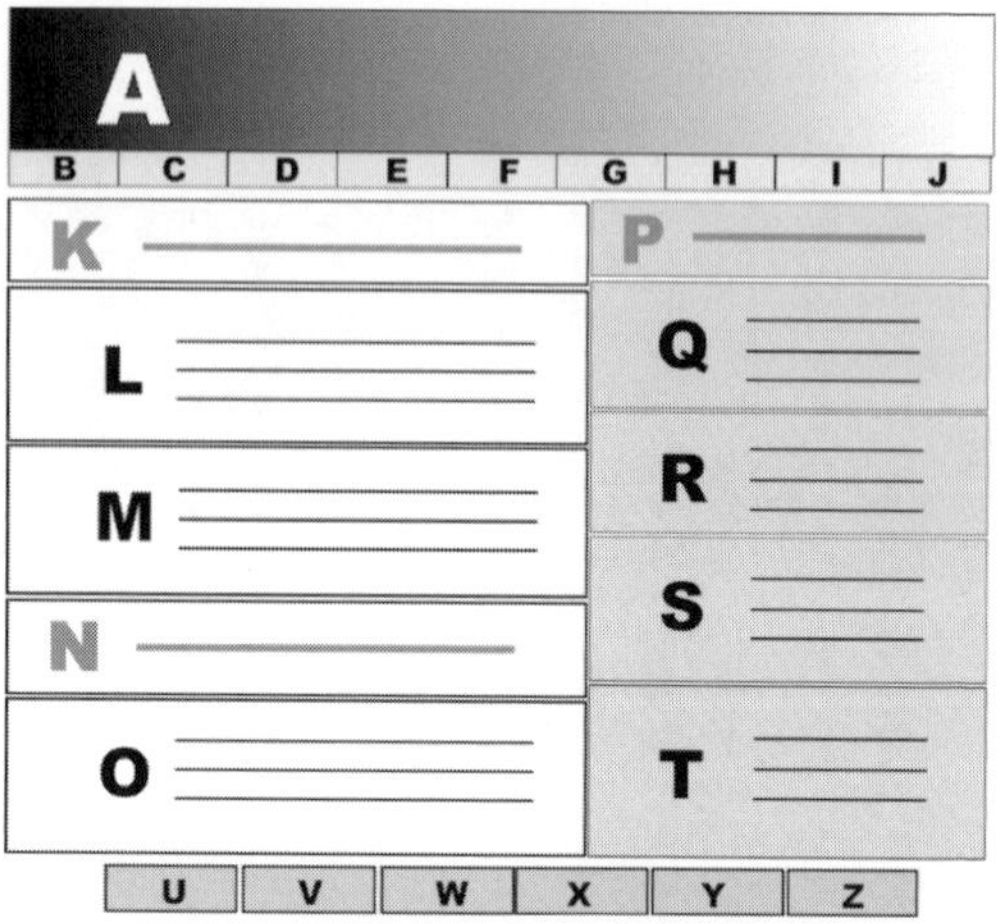

図6　画像ブラウザのレンダリング

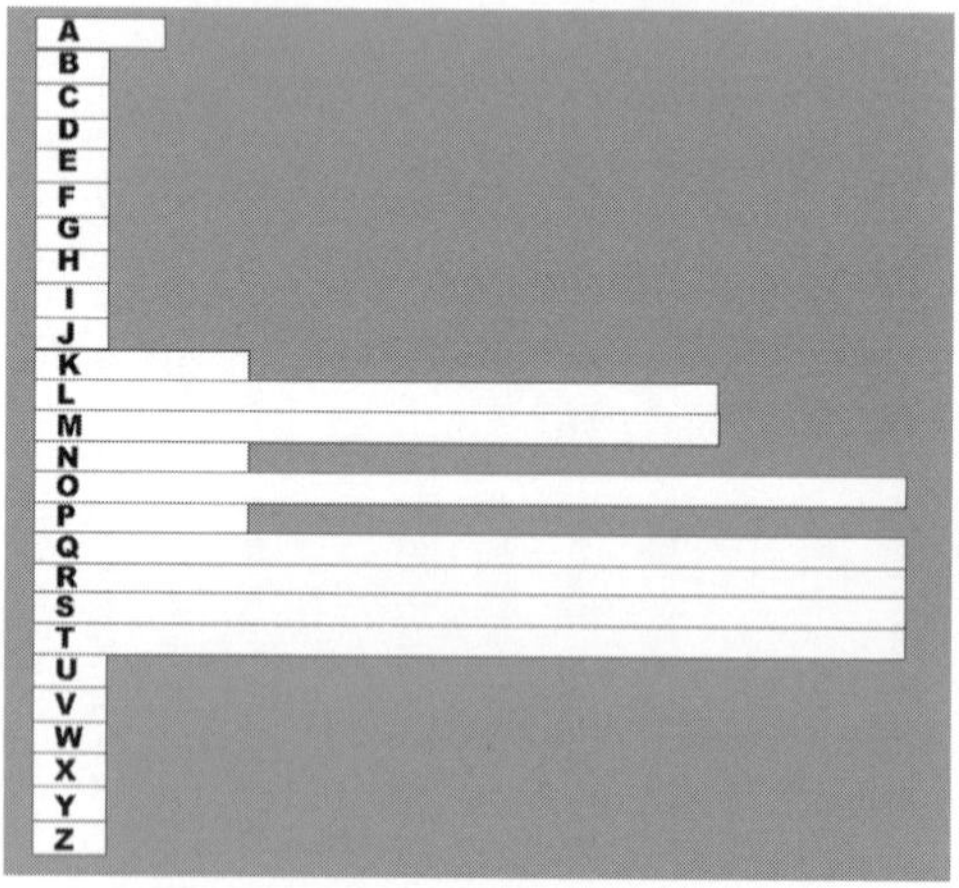

図7　音声ブラウザのレンダリング

らない。ところで、構造情報は個々のテキストや画像がもっているわけではない。だから、いくらテキストを充実させても音声ブラウザは構造情報を提示できない。構造情報は、html では「要素(element)」を適切に使うことによりブラウザに伝達される。論理構造情報が正しく提供されない場合は、音声ブラウザによる情報提示は単純なものになるか、誤った構造情報を提示してしまうことになる。

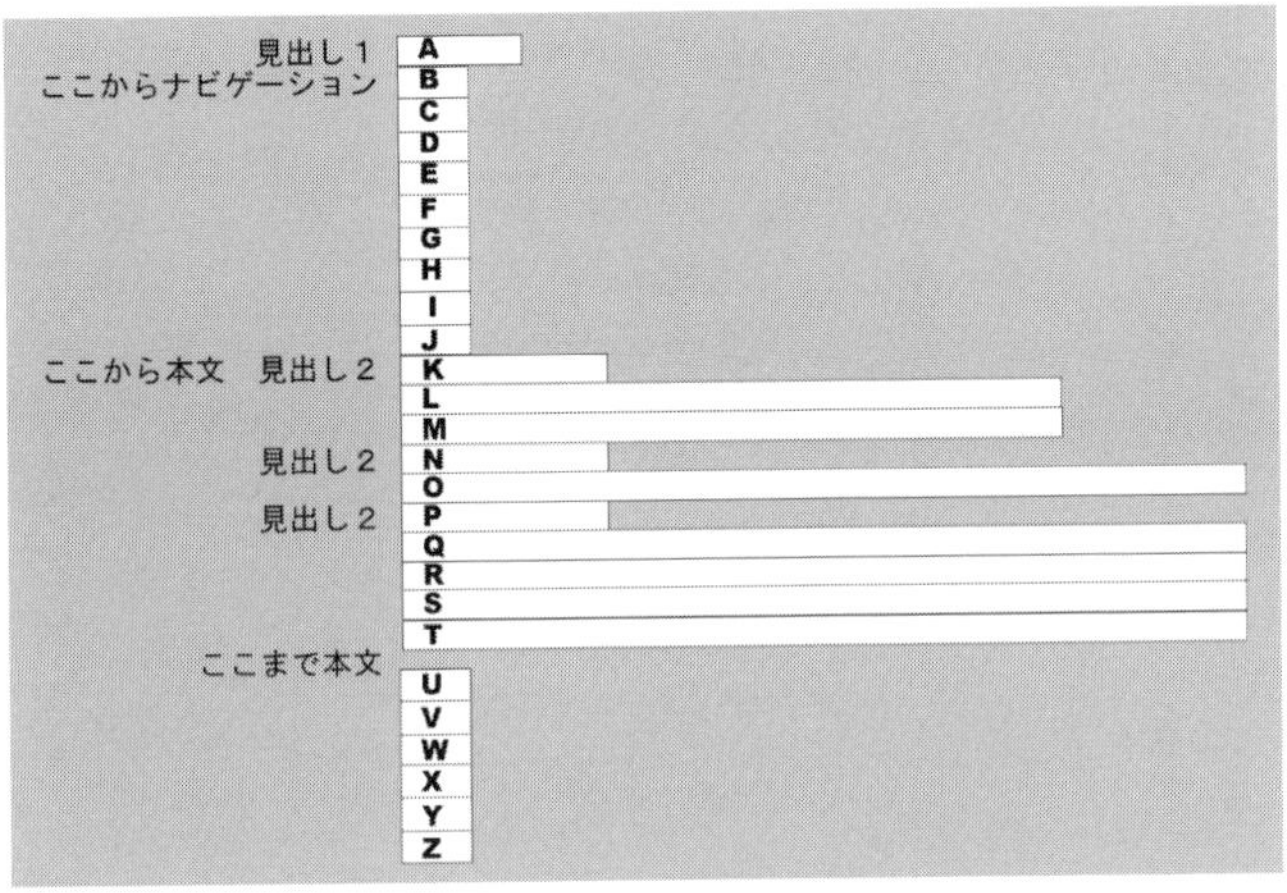

図８　アクセシブルなウェブページの音声ブラウザのレンダリング

ウェブコンテンツのデザイナーは、ブラウザによる画像表現を確認しながらコンテンツを制作する。彼らの興味とこだわりは構造でなく表現にある。だから、html の要素、すなわちマークアップコマンドも概して表現の制御のために用いられる。それは構造化のための要素本来の目的からは誤用であるが、画像ブラウザにとっても、画像ブラウザのユーザにとってもなんら問題はない。図６は画像ブラウザによる情報提示のイラストである。個々のテキスト情報の内容を確認するまでもなく、このようなレイアウトを一望するだけで、どこがナビゲーションバーなのか、どこが見出しでどこが本文なのかは容易に推測できる。コンテンツプロバイダとユーザが表現スタイルの慣習的規約を共有することで、視覚的表現が構造情報を伝達できるからである。しかし、この画像ブラウザが表示しているウェブページが先に示した第二の要点の原則を満たしていないときは、音声ブラウザによる情報提示は図７のような不十分なものになる。この巻物のようなずらずらとした情報提示からユーザが構造を見出すことは困難である。

だが、このページが先に示した第二の要点の条件を満たすなら、音声ブラウザの情報提示は図8のような行き届いたものになる。いまや音声ブラウザは、どこが見出しなのか、どこが本文なのか、どこがメニューなのかといった構造情報を正しく認識し、それをユーザに伝えることができる。

これはマシンアンダスタンダビリティのごくごく単純な事例である。テキスト情報と論理構造情報をいかにしてブラウザに伝えるかがウェブアクセシビリティの要点であることは、どのように複雑なウェブアプリケーションでも変わらない。そしてそれを実現するには、はるかに高度なユニバーサルデザインが必要となる。

5　配慮の平等

アクセシビリティを実現するうえで公的セクターの役割はきわめて大きい。その根拠となる「配慮の平等」の基本原則を最後に述べる。

「配慮を必要としない多くの人々と、特別な配慮を必要とする少数の人々がいる」という強固な固定観念がある。しかし、「すでに配慮されている人々と、いまだあまり配慮されていない人々がいる」というのが正しい見方である。多数者への配慮は当然のこととされ、配慮とはいわれない。対照的に、少数者への配慮は特別なこととして可視化される。

階段とスロープを比較してみるとよい。なぜ階段は配慮でなくスロープは配慮なのか。階段がないとしたらどうか。階段がなくても二階に上がれる人は例外的である。それならば階段も配慮ではないか。講演では、講演者はレジュメを用意するように求められる。技術系の講演ではスライドを見せるのが常識となっている。一方、聴覚障害者のために要約筆記や手話通訳を用意するシンポジウムや講演会はきわめて例外的である。点字のレジュメが配られることはほとんどない。そこには配慮の不平等という現実がある。だが、こうした非対称性に気づく人は少ない。

市場を通して提供される配慮は顧客を満足させるための当然の努力であり、けっして配慮とはいわれない。一方、市場に任せておいても提供されない配慮は、公的セクターにより部分的に提供され、残りは人々の善意や優しさに期待がかけられる。それらは一括して「特別な配慮」とされる。だが、これでは配慮の平等は実現しない。

配慮の平等は、もっと優先順位の高い基本原則としなければならない。そのためにはユニバーサルデザインを社会制度として推進する必要がある。支援技術開発を促進する諸制度も充実させる必要がある。

人間生活をより高度に支援するユビキタスネットワーク社会構想にあっては、ユニバーサルデザインと支援技術の推進は最重点課題である。

参照URL：
＊1　マイクロソフト社　MSAA (Microsoft Active Accessibility)

http://www.microsoft.com/japan/msdn/accessibility/

＊2　アドビシステムズ社（アクセシビリティ関連）

http://www.adobe.com/jp/enterprise/accessibility/

＊3　W3C Web Content Accessibility Guidelines 1. 0

http://www.w3.org/TR/1999/WAI-WEBCONTENT-19990505/

W3C Web Content Accessibility Guidelines 2. 0

http://www.w3.org/TR/2006/WD-WCAG20-20060427/Overview.html

第６章　”万人のための社会“をデザインする
――特別支援教育、支援テクノロジー、ユニバーサルデザイン

河野哲也

今回の議論（シンポジウム）は、「共生のための技術哲学」という、大きく言えば、科学技術論という枠組みの中で、障害をもった人・子どもとの共生について考察しようとするものである。

筆者はこれまで「特別支援教育」と呼ばれる障害をもった子どものための教育、とくに運動障害をもった子どもの教育研究に関わってきたが、この観点から支援テクノロジーとユニバーサルデザインの意義と重要性、さらに今後の問題点について論じることにする。

１　「国際生活機能分類」の新しい障害観

まず、近年における障害観の大きな変化について説明し、それに対応した特別支援教育の発展を概観することにしよう。

従来型の障害観は、しばしば「医療モデル」と呼ばれる。一九八〇年にＷＨＯが発表した国際障害分類（ICDH: International Classification of Impairments, Disabilities and Handicaps）は、この医療モデルを

体系化したものである。それによれば、なんらかの疾病から、たとえば、下肢の麻痺のような「機能障害 impairments」(身体的・精神的能力・形態の異常)が発生し、それにより歩行の困難という「能力障害 disabilities」(仕事遂行力の低下)が生じ、その結果、「社会的不利 handicaps」が生じるとされる。つまり、疾病やケガが人を障害者にするという図式である。このモデルは、医学的に定義される機能障害から、一直線に、能力障害や社会的不利が因果的に発生すると考える点に特徴がある。

こうした障害観は、一見、当たり前のものに思われるかもしれない。しかしながら、この考え方によれば、障害とは病気・ケガに起因する「異常」であり、機能障害を医療的に改善しなければ、能力障害も改善せず、結果、社会的不利もなくならない、ということになってしまう。障害をもった人が不利なのは、病気やケガのせいなのである。したがって、障害に対する教育や福祉も、「正常」への回復を目的として、障害に対処するスキルや能力を個人に付与するためのものだということになる。

医療モデルには以下のような問題点があることは明らかである。①ある人が障害をもつことで、その人の「できない」否定的な側面ばかりが強調されてしまうこと、②医療的措置が有効性をもたないこともしばしばであるのに医療的観点が過度に重視されてしまうこと、③「障害は克服すべき」という障害克服至上主義に陥ること、④障害は個人の問題であるとされ、障害発生の社会的・環境的要因が無視されてしまうこと、⑤「障害をもった人はある一定の能力に達したときに初めて社会参加できる」という排除的な(インクルーシヴでない)考えになってしまうこと、⑥教育と治療が同一視され、社会参加の観点を欠いた能力向上教育・リハビリテーションに終始してしまうことである。

このような問題点に応えてWHOは、二〇〇一年にICDHを改定し、新たに「国際生活機能分類

(ICF: International Classification of Functioning, Disability and Health)」というモデルを策定した。ＩＣＦでは、人間が生きていくための機能全体を「生活機能」としてとらえたうえで、身体的・精神的な働きである「心身機能 body function and structure」、日常生活動作・家事・職業能力・屋外歩行などの生活行為全般を指す「活動 activity」、家庭や社会生活で役割をはたすことである「参加 participation」の三つの要素が含まれるとする。そして、このそれぞれの要素が低下した状態を、「機能障害」、「活動制限」、「参加制約」と名づけ、それらを総称して「障害＝生活機能低下」と呼ぶことにした。

ＩＣＦの特徴は、生活機能低下を招く要因を、複合的で相互作用的なものとみなす点にある。まずＩＣＦでは、ＩＣＤＨにおける「疾病」に代えて、「健康状態」というより広い概念が採用されている。そこには、疾病や外傷のみならず、加齢、妊娠、ストレス状況などが含まれる。そして、ある人の生活機能と障害の度合いは、この健康状態と背景因子（個人因子と環境因子）の相互作用で決まるとされる、背景因子は、性・年齢・価値観といった個人因子と、その人を取り巻く物理的・人的・社会的な環境因子に区別される。同じ機能障害をもっていても、個人因子や環境因子によって状態は変化するのである。

この観点からは、障害は単純に個人に帰属するものとは見なされない。機能障害が、活動制限や参加制約になるかどうかは、その人を取り囲む環境によることもきわめて多い。人的環境や社会環境が、損傷のある人を「障害者」にしてしまっているのである。

したがって、従来の医療モデルが、機能障害を取り除くことで能力障害や社会的不利を克服しようとしたのに対して、ＩＣＦでは、本人の心身機能を改善するだけのやり方ではなく、背景要因を変えることで生活機能を向上させ、参加制約を軽減させるという方針を採ることを示唆している。障害者は特別な存在ではなく、その人の通常のニーズを満たすのに困難をもつ市民にすぎない。むしろ、社会は、物理的・人的・社会的環境を、障害者が利用しやすいように変える義務を負っているのである。

2 「個別の教育支援」とノーマライゼーション

こうした障害観の変化に伴って、障害をもった子どもや人への特別支援教育も基本方針を大きく変えつつある。

先に触れたように、従来型の特殊教育は医療モデルに則っていた。そこでは、標準的な子どもの発達段階を想定し、それに「即している」とされる教育プログラムが設定され、その標準に合わない子どもは「特殊」であり、「健常」への回復を目的としたスキルや能力を個人に付与することが目指されていた。

これに対してユネスコは、一九九七年のサマランカ会議において「特別の教育的ニーズ（special educational needs)」という新しい教育概念を提起した。それによれば、教育上の困難が生じたときには、何を設定しなおすのかという問いを立てるべきなのである。

これまでは、学習上の困難が生じたときには子どもに問題の原因があると考えられてきた。そこでは、「特殊」グループに入る子どもたちがおり、その子どもの特殊性にあわせた「特殊」教育が必要であるとされた。同じような問題を抱えた子には専門家による「最善の治療」があるのだから、健常な子どもとは区別して教えるのがよいとされた。こうした従来型の教育の方針は、「特殊な」子どもを障害別に分類して、「健常な」子どもと分離して、「治療」するというものである。

しかし、従来型の教育は多くの問題を抱えている。まず、障害分類に当てはまらない場合がとても多いことである。そして、障害を分類型に当てはめて理解したときには、子どもに対する見方が「障害児」というレッテルに影響を受けて、しばしば「あらゆる能力が低い」という誤った想定をもちやすくなる。そこから将来の悲観的予測をしてしまいがちである。また、「障害があるから」という言葉が、カリキュラムの問題点、教育方法の不十分や未熟、社会的制度や環境の不備の言い訳として持ち出されてしまうことがある。そして何よりも最大の問題は、障害をもっているという理由で、「普通の」子どもたちとの接触機会を否定され、社会的に隔離されてしまうことである。分離型の特殊教育は、いわゆる専門家まかせになるが、専門家が障害をすべて取り除けるわけではない。結局、障害をもった子どもは、ほとんど健常者との接触や社会経験なしに学校を終えてしまうか、あるいは、ずっと一般社会から隔離された環境で生き続けることを余儀なくされるのである。

こうした従来型の教育方針に対して、特別のニーズ教育という新しい考えでは、学習上の困難が生じたときには、子どものどこが悪いのかを問うのではなく、問題はカリキュラムや教育方法にあると考える。実際、どの子どもも学校の勉強でつまずくことがある。いわゆる健常な子どもでも、病気やケガ、個人的要因によって障害のある子どもと同じ状態になる可能性がある。そこで、教師がどのように対応するかが重要であり、子どもに合わせてプログラムや教育方法、教育環境や制度を変えることが重要である。そして、カリキュラムや方法の改善は他の子の学習にも役だつのである。

日本においても、二〇〇一年（平成一三年）一月の「二一世紀の特殊教育の在り方について（最終報告書）」、および、二〇〇三年（平成一五年度）三月に「今後の特別支援教育の在り方について（最終報告書）」のなかで「個別の教育支援」という基本方針が打ち出され、それによって「ノーマライゼーション」の推進が明確に謳われるようになった。

個別の教育支援の発想は、ノーマライゼーションの理念に基づいている。ノーマライゼーションとは、一九五〇年代のデンマークで知的障害者の保護者から生まれた、福祉教育政策上の原則である。この政策には二つの方針が含まれている。

第一に、障害者の生活環境を正常（ノーマル）なものとすることである。それは、健常者と同じ人間として当たり前の生活を送れるようにすることであり、そのなかには、社会の成員として、隔離・分離されることなく、地域社会で暮らすことも含まれている。

第二に、一部の人が排除されることなく、皆が共に暮らせるように、社会のあり方を正常化することである。ノーマライゼーションとは、障害の有無とは関係なく、万人が参加可能となるように社会環境・制度を再設計し、正常化することである。一部の主権者が平均から外れているということを理由に、他の人々よりも不利な条件での生活を余儀なくされている状態は不平等であり、民主主義社会の原則から外れている。ノーマライゼーションには、より高度の民主主義の達成という社会変革の意味が含まれている。

したがって、ノーマライゼーションの理念をもっとも簡潔に表現するとしたら、「万人のための社会」の構築ということができるだろう。教育のノーマライゼーションとは、ユニセフが指摘するように「万人のための教育」の実施に他ならない。「万人のための」とは、万人の平均値を取り、標準に合わせた規律訓練型の教育を施すことではない。「万人」とはきわめて多種多様な、ひとりひとりが異なった人々の集合であり、そのひとりひとりに対応してゆくような個別の支援教育こそが、「万人のための教育」なのである。「万人のための教育」とは、すなわち、教育のユニバーサルデザイン化のことである。

3　デザインとしての教育、支援テクノロジー、ユニバーサルデザイン

それでは、「万人のための教育」である個別の支援教育は、どのように実現されるべきだろうか。

障害をもった人にとっての問題は、「～できない」のではなく、「～できる」手段が制約されていることである。たとえば、両足の運動が不自由であった場合、車イスでの移動や人に支援されての移動は可能でも、動ける場所や方法が健常者よりも限られている。特別支援教育の目的は、障害をもった子ども・人の生活における選択肢を増大させることにある。

しかし選択肢を増大させるためには、従来の教育がそうしてきたように、本人の能力向上だけがその唯一の手段であるわけではない。さまざまな形で環境を整備すること（たとえば、車イスも移動できるユニバーサルデザインの道路や建築物など）、あるいは、支援テクノロジーを利用すること（車イスの代替となるようなハイテク機器の使用）、他人による支援（歩行支援・介助）のいずれもが選択肢の増大につながるのである。

この「～できる」ことの増大という考え方は、「エンパワメント」の概念に結びつく。エンパワメン

トとは、福祉や教育サービスの利用者がより力をもち、自分たちの生活に影響を及ぼす事柄や問題を自分自身でコントロールできるようになることをいう。今後の教育は子どものエンパワメントを支援するデザインとして考えるべきである。それは、利用できる人的・物的・経済的リソースを、各個人それぞれの必要に応じて有効に配置することなのである。

デザインという概念は、実用的な目的性をもった個別的なアレンジメントを意味している。たとえば、建築物のデザインとは、大きさや用途、費用、期限、周辺との調和などのさまざまな条件の解をとき、最善の形でひとつの建物をプランすることである。したがって、個別の支援教育とは、さまざまな条件（子どもの現状での能力や特徴、子どもや保護者の意向、地域と家庭の環境、学校の設備や人員、行政からの可能な援助、医療やテクノロジーからの支援）を考慮しつつ、選択肢の増大と自己決定の支援を最大化するような「解」を求める過程である。

繰り返すように、その解のなかには、ユニバーサルデザインに代表されるような環境の整備、近年のコンピュータ科学やロボティックスの発達に伴って急速に発展してきた支援テクノロジーの開発と利用、そして人間（と動物）による支援と介助が含まれる。支援テクノロジーとユニバーサルデザインは、子どものエンパワメントのための新しい資源である。

ユニバーサルデザインの発想は、その本質において「万人のための社会（教育）」と同じであり、ノーマライゼーションの概念と同じく、日本においてはようやく理解されはじめたところである。また支援テクノロジーは、高齢化社会の到来も影響して、近年、工学者たちに注目されはじめ、現在、成長しつつある分野である。小型で、素人でも製作できる「ちょいテク」支援グッズ（たとえば、ボタンを押すと簡単な文章を発してくれるコミュニケーションエイド）から、やや高度なテクノロジー（たとえば、弱視用のコンピュータ画面）、さらにはサイバネティックスやロボティックスを利用したハイテク機器や人工器官（たとえば、歩行支援ロボット義足）まで、さまざまな機器が開発されつつある。

私は、ユニバーサルデザインと支援テクノロジーの可能性は、まずは留保なしに徹底的に追求されるべきであると思う。その発展に消極的になったり、批判的になったりするには、両者ともまだあまりに導入されたばかりである。しかし、このことを踏まえたうえで、あえて次のことを特別支援教育の立場から指摘しておきたいと思う。

すなわち、障害はじつに多種多様であり、おそらくは、ユニバーサルデザインによっても、支援テクノロジーによっても、うまくエンパワメントできない種類の障害が残り続けることである。とくに中枢性の障害、たとえば、情緒障害（自閉症・注意欠陥多動性障害など）、知的遅れ、中枢性言語障害、学習障害などがそうである。断定はできないが、これらの障害は、環境の整備や支援テクノロジーでカヴァーすることは、きわめて困難なはずである。

これらの障害をもつ人たちをもインクルードするような「万人のための社会（教育）」はどのようにデザインすればよいだろうか。ここには大きな問題があり、個人の能力向上を目指す従来型の医療や教育がおもに対象としなければならないのは、この種類の障害なのである。しかしながら、障害をもった人々が望んでいるのは、まずは、障害に理解のある人々と社会のはずである。ユニバーサルデザインと支援テクノロジーがどのくらい発展したかは、その理解度を表わす水準となるはずである。

第3部　「ユニバーサルデザイン」の哲学

第7章　技術を構想する権利はあるのだろうか？

ラングドン・ウィナー（柴田崇訳）

一九六二年の秋、私が大学一年生としてカリフォルニア大学バークレー校のキャンパスにやってきた頃、ベイエリアのある新聞に次の見出しが載った。「絶望的な身体障害者がカリフォルニア大学の授業に出席」。それはエド・ロバーツという名の新入生のニュースだった。彼はベイエリア出身の若者で、幼いときの小児麻痺が原因で四肢麻痺になり、人工呼吸装置が必要な体だった。大学はずっと前にエドの願書一式を受理していたが、エドその人を受け入れていなかった。ある大学管理者が述べたところによると、「われわれはこれまでに身体障害者を受け入れようとしたことがあるが、うまくいかなかった」[★1]。しかしロバーツと彼の家族はあきらめなかった。そして、彼に入学資格があることを認めながら、車椅子の学生を教育するための設備がキャンパスに整っていないことばかり主張する大学当局者と州官僚の抵抗に打ち勝った。

ロバーツは学部で政治学を学び、その後、大学院で政治学の研究を続けた。その間、彼はキャンパス内にあるカウエル病院の特別施設に住んだ。この施設には彼以外の障害をもつ学生も住むようになった。エドと私はいくつか同じ授業を履修していたので、すれ違ったこともあった。公民権運動や言論の自由化運動、そして学生運動のうねりに力を得たロバーツとカウエル病院の仲間たちは、変革の戦略を立て始めた。一九六〇年代後半に障害のある人々の権利の承認を要求する急進的な四肢麻痺の活動家グループのローリングクワッズとして頭角を現わした彼らは、カリフォルニア大学、バークレー市、カリフォルニア州、そしてついにアメリカ連邦政府に要求を突きつけた。一九七〇年代の初頭までに「自立生活センター」を設立して、障害者が自立した生活を送り、社会に重要な貢献をする一人前の社会人になる準備がすっかり整っていることを証明しようとした。[★2]

この運動はすぐに国内の他の地域に飛び火した。最終的に世界規模の公民権運動に発展したこの運動によって、今にして思えば不当であるだけでなくまったくばかげたことばや判断や慣習が徹底的に見直されるとともに、民衆の理解と公の政策に抜本的な改善がもたらされた。私は、それが近年の民主的な運動のなかで最も効果的で他に例を見ないほど建設的なものの一つだったと言いたい。アメリカにおける公の政策は、一九九〇年に障害者法が成立したときに栄光の頂点を迎えた。[★3] エド・ロバーツはその後、カリフォルニア州リハビリテーション担当部署の責任者、マッカーサーフェロー、そして障害者の権利のための多くの機関の共同設立者になった。彼は一九九六年に自然な死を迎えた。彼の遺業を記念して、カリフォルニアのバークレーにエド・ロバーツキャンパスが建設されている。彼の車椅子はスミソニアン協会の「著名人の殿堂」[★4]に納められている。その独自のやり方で、エドはマーティン・ルーサー・キングに比肩する政治指導者であり、長く続いた不当な行為のパターンを現代社会が理解し、それに取り組む手助けをしてくれた稀有な人物だった。

障害がある人々の運動の話は二つの重大な政治的展開に光をあててくれる。第一に、過去二世紀の間に近代の民主的制度がつくられるにつれて、人権の主張がより多様な人と条件を取り込みながら、継続的に拡大していったこと、第二に、人権の理解のこのような拡大にともなって、人権や民主的な市民権の境界についての議論における技術の重要性がますます大きくなっていることの二つである。

私たちは、今日使っている権利の語で大まかに定式化できてしまうような夥しい数の思想を世界の政治史のなかから探し出すことができる。例えば、古代ギリシャ国家では、男と女、市民と奴隷は異なる役割や自由や行為の可能性を割り当てられていた。ギリシャ人たちは彼らの判断や慣習を説明するのにこの種のことばを用いなかったが、今の私たちなら異なる「権利」と言うかもしれない。西洋で「権利」の概念を焦点にした政治問題や道徳問題にはっきりと継続的に注意が向けられたのは、一連の大変動が政治生活と社会生活の君主主義的形態を修正、または転覆しようとした一七世紀と一八世紀になってからだった。古い体制下では、何ができて何になれるかはその人物の上司やパトロンが決めることだった。結婚をしたり、旅行をしたり、何か商売を始めようというときには、パトロンたちの許可、さらに言えば人生の重要な選択に監視の目を光らせる複雑なパトロン・システムの許可が必要だったのである。★5

「権利」の主張はきわめて実際的な方法で、この従属的で階層的な生活様式に代わる生き方を示した。「権利」の主張は、ある者や集団が弾圧や不愉快な障壁の存在に直面し、それらを取り除こうとするときに生じることが多い。人々は次のように言い始める。「われわれは許可を求める必要はないし、他人が押しつけた条件に我慢する必要はない。われわれには、自由に話し、新聞を発行し、財産を売買し、自分で選んだ教会に行く権利がある……」。そのとき、次の問いが生まれる。このような主張はいかなる根拠で正当化されるのか？　この主張に突き動かされ、それらに基づいて行動を始めるのは誰なのか？

ある者が「私は何がしかについて正当な主張―権利―をもつ」と言い、それに名前を与える。この主張は、主張する者が決定的だと信じる道徳的理由や政治的理由に支えられている。権利にまつわる言説は、変化しつつある道徳や政治の状況を記述するのに選択しうるたくさんの方法のうちの一つである。別の記述も存在するし、かつては特定の決定や政策を支持する別種の根拠もあった。例えば、分配の公正や最大多数の最大幸福説の議論を始めることもできた。権利についての討議を特徴づけるのは、重要な主張がしばしば攻撃に晒されるということである。

権利の主張に対して強い抵抗がある理由の一つに、もしある者の主張が認められると、人間であれ機関であれ誰かが、要求された権利を受け入れ、それに従って行動する義務を承認しなければならないことがある。「権利」を掲げる社会運動は「義務の運動」と呼ばれる方がいいのかもしれない。さしずめエド・ロバーツと彼の仲間たちなら、自分たちの戦略を「障害のある人々に対する社会の義務の承認を要求する運動」と呼んだかもしれない。確かに、この種のことばは、権利と言う時のような心に訴える響きをもってはいない。広告業界のプロなら、「もう少し前向きで人の心を摑む何かが必要ですね」と言うだろう。トム・パインは、自らの革命的マニフェストのタイトルに『人間の義務』ではなく『人間の権利』を選んだ。

自然の根拠、理性、神の意志、国民の総意、社会契約など、権利を正当化するために長年にわたって示されてきた根拠の探究は実に興味深く、急を要する課題だが、私の目的ではない。ここでは、過去二世紀に権利の主張が拡大し、より多様な主張者と条件の範疇を含むようになった歴史を辿れることに注目したい。一八世紀と一九世紀にアメリカとフランス、そしてその他の国々で革命が起きた時期については、「人はすべて平等に創られ、奪うことのできない権利を創造主から与えられており」、政府は基本的な「人と市民の権利」とそれに類する宣言を承認しなければならない、ということがどのような事態だったかに言及すれば十分だろう。これらの大々的で希望に満ちた表明によって、すべての人、共同体のすべての成員が網羅されたかに見えた。この観点からすると、権利を特定し確認する作業はほぼ完成したと締めくくれるかもしれない。

しかし悲しいかな、仔細に見ると、一八世紀と一九世紀の革命の宣言の大胆な普遍主義は革命後の実践にさえ反映されなかった。例えば、アメリカ合衆国の建国時、一般に女性は憲法に記された多くの権利の埒外にいた。奴隷として所有され、使役されたアフリカ系の人々にはなんの権利もなかった。アメリカ先住民は、彼らが数千年間占有してきた土地に住む権利を含め、ほとんどの権利を剝奪されていた。憲法の採択にあたっては、財産のある白人男性市民だけに投票権があった。

一九世紀半ばの状況を目にしたマルクスは、資本主義に含まれる所有関係を見ればブルジョア革命が世界的な人権の時代をもたらしたという主張が偽りであることは明らかだ、と指摘した。かくして、労働者階級の人々は日常生活で実際に役立つ権利をほとんどもたなかった。一九世紀と二〇世紀を通じて、幅広い人権の行使を妨げてきた障壁に異議を申し立てる一連の社会運動のうねりが湧き起こった。労働者が直面した状況は労働者の権利侵害だと何度も特定された。一九世紀と二〇世紀初期を通じて、労働条件、児童就労、労働時間短縮の要求、教育、社会保障などを文脈に、権利に関する広範囲の白熱した論争が起こった。

別の場面では、一九世紀末から二〇世紀初期の間に、人種間の公正を焦点にした公民権運動の発生とその影響の拡大を目撃する。やがてそれは巨大なうねりとしてアメリカに政治危機を引き起こし、一九四〇年代後半から一九六〇年代にかけてこの国に異議を申し立て、難問を突きつけた。

第二次世界大戦直後、世界的な脱植民地化運動に加えて、ホロコーストと国際連合設立に呼応して、人権の承認と確認への切迫感が広がった。多くの人が次のように問い始めた。ただ人であることで主張できる権利について真剣に取り組み始めるべき時期ではないか？　その成果が、一九四八年に国連総会で採択された世界人権宣言だった。★6

権利の主張の拡大の歴史におけるもう一つの重要な出来事は、女性の権利のための運動である。一九世紀の一連の激しい意見表明に始まり二〇世紀を通して続いたこの運動は、ついに一九六〇年代と一九七〇年代に世界の多くの地域で頂点に達し、男女の完全な同権を要求した。すでに一九六九年には、数十年間水面下で準備されてきた別の運動が浮上し、ゲイの同権を声高に要求した。

同じ時期の先住民の権利や囚人の権利、子どもや高齢者の権利の承認を要求する運動も、あまり目立たなかったとはいえ、決して重要ではなかったわけでない。動物の権利について明確に主張した哲学的で社会的な運動を挙げることもできるだろう。この運動は、他の種に対する人間の義務に注意を促した点で、他のどれよりも「義務の運動」と呼ぶにふさわしい。

もちろん、今日もなお、権利主張を前進させることで、例のごとくそのような権利の存在を完全に否定する反対者の抵抗に遭っている政治運動がある。同性カップルの結婚の権利は、この種の議論の的となる問題である。同性婚の実践を「法律上の公正」の原則の下での必然的な進展とみなす者がいる一方、自然の摂理や神が定めた世界の秩序に反するとして同性婚（あるいはシビルユニオン〔正式な結婚とは認めないが事実上結婚と同等の権利を認める概念〕）を糾弾する者がいる。この論争は、多くの点で、異なる人種間の結婚の権利についての議論に似ている。アメリカにおける異人種間の結婚の問題は、一九六七年になってようやく連邦最高裁の Loving v. Virginia 判決で決着した。★7

一九世紀に始まり私たちが生きる現代に至る人権運動の特徴は、人口の大部分を構成する諸集団の出現にある。それらは、独自の激しい主張を掲げ、伝統的社会から押しつけられてきた公然かつ巧妙な制限に挑戦している。これらの主張がしばしば凄まじい抵抗に遭ったことは驚くにあたらない。反対勢力は次のように言う。「いや、あなた方にそんな権利はない。あなた方はばかげたことを言っている。あなた方が求めているものは自然の秩序に反し、正しい社会制度を覆し、人々の間の好ましい関係を脅かす」。そしてこう言うこともある。「あなた方の主張にも一理あるが、実現には膨大な費用がかかるだろう」。（なるほど、われわれ自身の現在の「正常な」生活様式の方は賄う価値が十分にあるというわけだね。ありがとう）

「保守主義」という政治学用語の便利で役立つ定義は次のようなものだ。現代社会の労働者、アフリカ系アメリカ人、女性、ゲイ、レズビアン、拘留中の人など、次々と出現する集団の権利主張に頑なに抵抗してきた社会の反応のコレクション。私の学生のなかには自分が保守的だと言う者がいる。私はこう切り返す。「おや、それは面白いね。君が保守したいのは正確には何かな？」しばしば気まずい沈黙が訪れる。私にもその続きを訊かないくらいの思いやりはある。「君が保守したいのは、財産のある異性愛の白人男性の特権かな？」

要するに、現代政治学と現代民主主義の歴史には、多くの政治的創造性と夥しい数の衝突の中心になった権利主張と人権運動の拡散が含まれるということだ。私たちは権利主張の拡散のゴールに辿り着いたのだろうか、それともスタートしたばかりなのだろうか？

第二の、密接に関連する課題は、権利をめぐる多くの論争での技術の存在に関係している。エド・ロバーツと障害のある人々の運動は、彼らが遭遇した制限が自身の身体構造上の問題というよりも日常生活で直面する建築環境と技術の特性の問題だったことを見事に立証した。ひとたび活動を始めるやローリングクワッズは、例えば、一部を切り取った歩道の縁石、建築物のランプとエレベーター、公共交通機関のリフト、障害者向けのコンピューターのハードウェアとソフトウェアの整備、新しいコミュニケーション装置、その他の数え切れない具体的な改善など、技術面の刷新を要求し、平等な権利と法の平等な保護には（何にもまして）徹底的に設計し直された世界が必要であることを示した。これは、障害のある人々の運動が選択したきわめて生産的な戦略だった。それは、特定の目的をもった実用的で達成可能な改良を求めると同時に、彼らに固有の特性と人としての尊厳を示すことだった。問題の本質と課題と救済策が、公衆と立法者と建築家とエンジニアの目にみごとに分かりやすく示された。

この運動は社会の特殊な集団の目標を推し進めるものだったが、同時に、彼らのアプローチは深い一般的な洞察も含んでいた。障害のある人々だけでなくすべての人にとって、経験する行為と実行の可能性は、構造化の仕方や操作の方法や条件や要求などのかたちで人間を取りまく技術と深く関わっている。私たち自身の身体や社会的絆と同様に、これらの技術的な事物は、さまざまな規則、役割、関係、制度のなかで機能を果たす。これが、技術は法だという私の議論の要点である。

個々の存在物として、また全体的な一まとまりの集合として理解される技術は、私たちを肉体的、精神的に支える世界をつくることもあれば、私たちを苦しめ自由と幸福を危うくする条件を押しつけてくる世界をつくることもある。私たちの習慣や関係や制度の多くにさまざまな技術が満ち溢れている時代に、民主的な政治思想は、この観点から行為主体や状況を理解する方法を見つけなければならない。人権問題のような論点の提起は特に見込みがある方法として追求すべきだと思う。日常生活で私たちが直面する技術に固有の配置とそれらのデザインや操作やより幅広い効果を構想する際に、実質的な発言権があるかどうかが問題なのだ。

ここでもまた、障害のある人々がいち早く直面した技術—社会「世界」は、考える価値がある。私自身がこのような世界を体験したのは、エド・ロバーツを知る前のことだった。カリフォルニアで育った子ども時代に、すでにその世界を目にしていた。私はカリフォルニア沿岸部中央の小学校に通っていたが、校庭をはさんだちょうど真向かいに、いわゆる「かたわの子」の施設があった。私たち「普通の子」は、ときおり施設を訪問し、マジックミラー越しに「かたわの子」を観察して、障害児を気の毒に思う心を学んだ。そこは、見事に自己充足した世界だった。たくさんの科学、医学、技術的な職業意識、社会事業のケア、そして数多くの精巧で高価な技術装置であふれかえる人工の世界だった。しかし、不平等や劣等感や哀れみという残酷な判断に基づいていたため、核心部分に欠陥を抱えた世界だった。

一九六〇年代、この見事に管理された世界は、その住人にとって不快なものになり始めた。多くの人々が「かたわ」や「知恵遅れ」と呼ばれることに対して、それらが帯びる道徳的に時代遅れな考えを理由に異議を唱えだした。彼らは自分たちを取り巻く区分や慣行や制度の基調になっている感性にいら立ち始めたのである。これらすべてのシステムを停止して、地球上の数百人の障害者にとってよりよい別の社会―技術世界に置き換えることを目指す者もいた。

エド・ロバーツは、「かたわ」の修辞と技術社会的条件の両方と闘った一人だった。彼の文章とインタビューは、これまで障害のある人たちを二流の市民として表現してきたことばづかいや隠れた思い込みに対する情熱的で、時に愉快な脱構築に満ちている。一九七〇年に彼はこう記した。「かたわでない善意の人たちにはうんざりする。連中は私に何ができて何ができないかのステレオタイプをもっていて、私の人生や未来についてあれこれ指図する。かたわ者よ、自分自身の人生を演出することで、仲間が新しい人生を演出するための手本を示してくれ。何か大きなことの始まりだ――かたわパワーが動き出す。[★8]」

もちろん、ロバーツは、ショックを与えるためにあえて「かたわ」という不快で耳障りなことばを使ったのだ。彼が提案した改革の一つが、障害のある人が自分自身を記述する仕方とともに、健常者による彼らについての語りを全面的に変えるというものだった。

政治と技術について考え始めた頃の私は、障害のある人々の運動がバークレーでかたちを取り始めたことにも注目していた。私は、自立生活センターを訪れて、そこにいた活動家の数人と意見を交わした。しかし、彼らが言っていることと科学技術の研究領域で持ち上がってきた問題の連続性をはっきり理解したのはもう少し先のことだった。★9 エド・ロバーツと彼の仲間たちは公然と、彼らを不具や劣等と決めつけてきた特定の技術と制度の改革と構想に参加する権利を要求した。彼らは、民主社会における人権の現われとしてこの種の参加を要求したのである。

この種の要求は全人類にとって重要な問題を提起する。私たちすべての幸福は、私たちを取りまく社会技術の配置にかなりの部分を負っている。おそらく私たちは――新しいものも古いものも含めて――生活様式を条件づける技術や建築物のデザインに影響力をもつ権利も要求すべきなのだ。過去二世紀の進歩的な公正を追求する社会運動を振り返ると、技術環境と技術に関連する境界線が、時として権利を求める闘争の力学に深く関わっていたことは明らかだ。諸権利はさまざまな産業における技術作業や社会関係についての主張として表明された。働く人々はこう言ったものだ。機械に身の危険を感じる。われわれには安全な職場で働く権利がある。化学物質を扱う工場工程は健康を脅かしている。われわれには健康的な条件下で働く権利がある。

権利の実現は、労働手段を物理的に改変するのではなく労働者にとってよりよい社会技術条件を追求する措置として労働規則の変更に関わる場合も、また、単純なものも複雑なものも含めて労働者が使用する道具というハードウェアの具体的な改良を必要とする場合もあった。「短いやつ el cortito」と呼ばれる単純なつくりの柄の短い鍬をめぐってカリフォルニアで起きた何十年にもわたる闘争は、技術デザインの政治学の典型的な事例である。農場労働者たちは、身体への負担が大きく、煩わしい規律条件を課すことを理由にこの鍬の形状と使用の強制に異議を唱えた。監督者は誰が働いているかを常時監視できた。なぜなら、柄の短い鍬を使って働くには屈んだ姿勢をとらなければならなかったからである。直立している者はさぼっていると見なされて叱責された。数年におよぶ闘争の末、ついに「短いやつ」はカリフォルニア州政府によって非合法化された。農場労働者の権利を求める闘いの指導者だったセザール・チャベスの墓の供物台には、闘争と勝利のシンボルとして「短いやつ」が置かれている。★10

ここ数年、新しい技術の導入をめぐる数多くの労働争議が起きている。不幸にも、（概して）アメリカでは、新しい職場システムを構想する権利の要求は、賃金や労働時間や手当の要求を優先する労働組合によって協議されるのが常だった。たいてい組合は企業からの圧力に屈して、新しいソフトウェアとハードウェアを配置する権利を諦めた。私の考えでは、組合の指導者たちのこの優先順位こそ、オートメーションやその他の技術がもたらした変化によって産業労働人口が大幅に削減された期間にアメリカで組合が消滅した最大の原因である。

ヨーロッパやスカンディナビアの社会民主主義では、職場の技術を構想する権利はもっと強調されてきた。労働組合は共同決定の合意を取りつけた。それは、新たな社会技術の布置をつくる際には経営者と共同して決定を下す権利が労働者にあることを承認するものだった。いくつかの有名な事例、特にデンマークの事例で、こうした技術構想の慣習は他の集団にも波及した。そこにはコミュニケーション、コンピューティング、運輸やその他の技術の変更を支配する権利をもつ地域共同体も含まれていた。この問題に関する多くのスカンディナビア人の考えは次のように展開することもあった。「新しい技術は私たちの生活様式を変えつつある。私たちにはそれらの事物の形態を支配し、個人の生活や共同体の生活にとって望ましいパターンに調和させる権利がないとでも言うのか?」[★11]

このように意味を拡大した権利——技術を構想する権利——が、将来、政治学の議論の一部として今まで以上に重要になる可能性は十分にある。例えば、権利主張の深さと活力の点でおそらく最も野心的で、かつ広く承認されている国連人権宣言は、このような権利にまったく言及していない。とはいえ、国連人権宣言がはっきりと確認している個々の権利は、以下の内容のほか、地球上のすべての人の前に立ちはだかるこの種の技術環境について強い含みをもつ。

「生命、自由、および身体の安全」
「家族、家庭もしくは通信のプライバシー」
「思想、良心、宗教の自由」
「意見と表現の自由」
「メディアを通じて情報と知識を受け取り、伝えることを求める自由」
「平和的に集会し、連合する自由」
「自国の政府に参加する権利」
「公務に等しく携わる権利」
「人格の自由な発達と尊厳に不可欠な経済的、社会的、文化的権利」

「働く権利と正当で好ましい労働条件」

「本人と家族の健康と幸福を実現するのに十分な生活水準」

「教育を受ける権利」

「人としての人格の十分な発達」

「共同体における文化的な生活に自由に参加する権利」

さらにその他の多くの権利。


さまざまな技術が次々と投入される世界での生活条件を考えると、世界人権宣言の多くの条項が他でもない技術の側面をもつのは明白である。そのような世界では、実際問題として個々の権利を実現しようとすると権利の行使を条件づける技術の形態や運用を支配する力が必要になる。民主主義の未来についての道徳的言説と政治的言説のなかで技術を構想する権利が大きな役割を担うという事実は、誰もが認めるところだ。

確かに、この可能性には大きく暗い影が差している。自分たちの幸福に影響を及ぼす技術を支配する権利があるという信念は、多くの政治社会で、特に所有権の帰属に関わるより根強くより基本的な一連の権利主張によって強い制約を受けている。職場の革新、エネルギー生産施設の設置、情報網の創設、薬品の製造と販売、商業目的の土地開発など、提案されたありとあらゆる種類の変更を決定する際に、所有権はしばしば最上位に置かれる。そして、所有権を語るとき、私たちはたいていさまざまな技術への投資を議論しているので、そこに技術選択の議論が終始してしまうことが多いのである。

権利や自由、そして政府の起源についての思想は、三世紀前に自由民主主義の基礎用語を定義したジョン・ロックの『統治論第二論文』やそれに類する議論に登場する。私たちは、これらの思想に対する先入観の強さの秘密を明らかにすることができる。ロックは、われわれが労働と自然界の事物を混ぜ合わせて否定することのできない権利の対象である財物をつくる、と論じる。彼の見解では、人々は生命と財産に対する不安感から市民社会や政府をつくるために集結する。所有権は、その他すべてのものの基礎として、最も重要な否定することのできない類いの権利になる。近代政治思想のなかでこのような意見があまりに強力なので、他の権利主張はどうしても影が薄くなり、まるで取るに足らないものに思えてしまうのである。その結果、将来何が建設され、稼動するかの決定が死活問題である人々の主張よりも、大多数の資産家——企業やその株主——の主張が支持されてきた。例えば、「開発」と呼ばれるもの、すなわち私有地の一区画への施設の建設、あるいは技術‐社会‐建築学的な開発の基盤が技術に含まれる限り、共同体の人工環境を構想する権利を主張することを潜在的に望む市民は、所有権を疑いの余地のない至高の存在にしておこうとするイデオロギーと闘っていることに気づく。

一定の条件下であれば、政治的、法的システムにおけるこの根深い偏見に逆らって所有権以外の関心に基づく市民権を支持することもできる。アメリカの一部では、公衆衛生と環境基準に適用される法や規制が、それがなければ所有地の自由な開発を許してしまう状況に異議を唱える端緒になった。ここ数年、私は、ハドソン川河岸に三億五〇〇〇万ドル規模の巨大なセメント製造工場を建設する計画に対して草の根の抵抗を組織する集団に参加してきた。昨年四月、ニューヨーク州当局は工場建設に必要な許可証の発行を拒否した。その後間もなく、セントローレンスセメント会社が計画を取り下げた。この事例では、数十年前に議会を通過した州の環境法のなかで政策決定過程に参加する市民の権利が規定されていた。その法律は、環境への重大な影響が懸念される計画については「公聴会」と市民の意見調査の機会を設けることを義務づけている。ニューヨーク州市民には意見申し立ての法的権利があり、州の機関には政策決定過程の一環として市民の意見を聴く義務がある。セントローレンスの協議が重大な局面を迎えたとき、約一四、〇〇〇通の手紙が州当局に届き、その八七パーセントがセメント製造工場に反対だった。この時点では参加の権利は決して十分なものではなかった。しかし、資産価値にして数億ドルが問題になる状況でさえ、民主主義の定義は、重要な審議で発言する市民の権利を含めるところまで広がった。この事例では、技術選択について市民がきわめてわずかな影響力を行使したことが決め手になったように思う。

残念なことに、例えば北米自由貿易協定（NAFTA）のような国際貿易協定の新自由主義的な論理のなかで、この種の争議で自分たちの政府に請願する市民の権利はないがしろにされている。貿易協定が強く後押しするのは機関投資家の権利主張なのだ。こうして、政府の最も根本的な問題の基礎であった所有権とその重要性についてのロックの議論が全世界の経済および政治の領域に拡大した。例えば、技術を広く普及させるためにどのように配置するかに関する多くの決定で、「知的所有権」に含まれる権利への配慮は最も強い影響力をもっている。影響を被る国々の人権への最も基本的な配慮と衝突する場合でさえ「知的所有権」を支持するよう、工学や法律、そして遺憾ながら哲学の研究者までもが、一様に巧みなやり方で教え込まれている。

同時に、注意深く見れば、生活の質に影響を及ぼす技術を構想する願望を反映した夥しい数の政治運動があることに気づく。世界の多くの地域で、マスコミュニケーションメディアを管理する制度に対して強い抵抗がある。現在の企業とコミュニケーション技術の連合体は強圧的だという点で大多数の人々が合意している。地域共同体のメディア運動では、現在のコミュニケーション技術の形態と運用に対する抵抗が継続し、代案が精力的に探し求められている。★12

特殊なコンピューティングコミュニケーションシステムの、科学技術の進歩に基づく制度化した新手の装置もまた、アメリカやその他の国々で抗議の焦点になっている。その名はウォールマート。「でも、それは技術じゃない」とあなたは言うだろう。よく見てほしい。ウォールマートの根幹で強大な力を供給している仕組みは、世界中に張りめぐらされたコンピューター化したサプライチェーン管理システムだ。ウォールマートがもたらす経済や環境への損害に抵抗する数百の共同体は、新たな手強い社会技術制度の変種というべき存在に立ち向かう決心をしたのだ。この技術化した製品流通とマーケティングの様式は今後数十年の間に都市部の生活の質を決定し町や地域全体の自治を破壊するだろう、と多くの人々がはっきり理解した。ウォールマートという社会技術形態の拡大の阻止、または修正のために訴訟に参加する権利はないものか。今日、多くの人々がまさにそのための創造的な方法を模索している。★13

こうして、「資産家」の権利だけでなく「利害関係者」の概念が技術と権利をめぐる議論の俎上に上った。特定の技術の適用がどのように実施され、それがどんな影響を及ぼすかについて正当な利害関係をもつのに、財産の所有者である必要はない。この点で実質的な請求権をもつのに、企業や政府機関、あるいはこれまで重要な技術的選択に影響力をもってきた組織的勢力か何かの一員である必要はない。技術による変化の成り行きを経験する一市民の資格で、結果に利害関係があると主張することができるのだ。

二〇〇三年の春、私はこの論点について議会の委員会で証言し、新しいナノテクノロジー分野への資金供与を目的とした法案にナノテク研究開発の市民による監視の条項を含めることを提案した。納税者であるとともに結果の利害関係者なのだから市民には今後ナノテクノロジーが取りうる進路の決定に参加する権利がある、と私は主張した。大変驚いたことに議会はこの考えを気に入り、その結果できた法律には、政府が資金支援するナノテク研究の主要な戦略についてはそれを評価する市民委員会を創設する、という条項が盛り込まれた。残念ながら、条項にしたがって配分される資金は、これまでのところ大方の予想通り大学の社会科学研究所に流れている。新しい技術を評価する新しい制度――市民委員会――を創設するノウハウは、どうやら今のアメリカの政治システムにはないようなのだ。

結　び

重要な権利主張の承認の変化が今後どのように拡大、あるいは縮小するかを確実に予測することは、誰にもできない。事実、権利の地平を拡大するのに見込みのあった戦略のなかには、反動勢力によって妨害されたり頓挫させられたものがあった。例えば、アメリカでは、性別によらず同権を認める「男女平等憲法修正案」は、一九二一年に発議された後、長い間憲法上の権利の進展に向けた当然の一歩と考えられながらも未だに可決されておらず、おそらくこのまま葬り去られてしまうだろう。同じように、ゲイカップルの結婚の権利、そしてシビルユニオンの権利さえすさまじい反発に遭い、国中の選挙や法律で非合法の扱いを受けている。

技術を構想する権利は、将来、世界中の民主社会の注意を引く権利主張のリストに載るだろうか？今日、世界中の多くの社会に後ろ向きで恐怖に取りつかれた風潮が見られるとはいえ、今よりも啓蒙的な政策に向けて風向きが変わることへの望みを捨てるのはまだ早い。

崇高だが、悲しいことに著しく無視されてきた世界人権宣言を紐解いた者は、承認すべき人権を明記した二十九の条項を見出す。明確化のための第三十条が付されている。「この宣言のいかなる規定も、いずれかの国、集団又は個人に対して、この宣言に掲げる権利及び自由の破壊を目的とする活動に従事し、又はそのような目的を有する行為を行なう権利を認めるものと解釈してはならない。」

この最後の条項に「第一節」を設け、もう一つ重要な規定を付したい。それにはこう書かれている。「この宣言で確認された多くの権利を実際に実現するにあたっては、さまざまな技術の存在、構造、使用を伴うので、すべて人は例外なく、自らの幸福に影響を与える技術的な手段、過程、制度の構想に参与する権利を有する。」

★1　以下の著作に引用がある。Shapiro, Joseph P. 1993. No Piry: People with Disabilities Forging a New Civil Rights Movement. New York: Times Books. p. 45.

★2　Shapiro. op. cit. chapter 2.

★3　Americans with Disabilities Act of 1990: http://www.usdoj.gov/crt/ada/pubs/ada.txt

★4　「一九七八年頃のエド・ロバーツの車椅子」（スミソニアン協会）。解説には、「ポルシェに使われるのと同じ型の座席と夜間走行用の大きなヘッドライトを装着したこの電動車椅子は、権利と自由を守ることに人生をささげ、障害のある人々の生活の質を向上させた唯一無二の個性の持ち主をとりこにした。幼少期に罹った小児麻痺が原因で四肢麻痺になったエド・ロバーツの活動家としての経歴は、カリフォルニア大学バークレー校の授業に出席する権利を求めて闘った一九六二年に始まった。その後彼は、アメリカで最初の障害者のための自立生活センターの開設に尽力し、障害者の権利を呼びかけて世界中を飛びまわった」と書かれている。http://www.smithsonianlegacies.si.edu/objectdescription.cfm?ID=127

★5　君主制が日常生活に及ぼす広範な影響がどのようなものだったかについては、ゴードン・ウッドの以下の著作に優れた記述がある。Wood, Gordon. 1993. The Radicalism of the American Revolution. New York: Alfred A. Knopf.

★6　一九四八年十二月十日に国連総会217A（Ⅲ）決議で採択、宣言された世界人権宣言については、以下を参照のこと。http://www.un.org/Overview/rights.html

★7　RICHARD PERRY LOVING et ux., Appellants, v. VIRGINIA, Decided June 12, 1967. http://www.ameasite.org/loving.asp

★8　以下に引用がある。"Ed Roberts: 'Father of Independent Living'": http://www.ilusa.com/links/022301ed_roberts.htm

★9　この時点では、入念に練り上げられた非政治的方法論や、今日研究者間で賛同を得ている「S. T. S.: Special Transport Service」の「理論」はまだ存在していなかった。科学技術の研究領域での議論がますます見当違いになっていくのは、少数の社会活動家、あるいは政策立案者が、現実の技術的選択とその重要性についてのこの領域の実りのない無批判な観点にいかに囚われているかが示すところである。二一世紀が展開するにつれて、技術に関する社会問題についての最良の報告が、調査報道に従事する優れたジャーナリストやどの技術形態が実現してどれが拒絶されるかをめぐる日々の闘争に――さまざまな側面から――実際に関わっている記者たちによってもたらされている。

★10　以下の著作を参照されたい。Jourdane, Maurice. 1994. Struggle for Farm Workers' Health and Legal Protection: El Cortito. Huston: Arte Public Press.

★11　その可能性について現在最も優れた研究として、Sclove, Dick. 1995. Democracy and Technology. New York: Guilford Press. が挙げられる。

★12　この問題に関係する概要が、以下の著作に的確に示されている。McChesney, Robert W. 1999. Rich Media, Poor Democracy Communication Politics in Dubious Times. Champaign. IL: University of Illinois Press.

★13　ウォールマートの事業様式の公平な議論については、Fishman, Charles. 2005. The Wal-Mart Effect: How the World's Most Powerful Company Really Works - and How It's Transforming the American Economy. New York: Penguin Press. を、ウォールマートの拡大に抵抗する人々が強調する問題点を概観するには、Quinn, Bill. 2005. How Wal-Mart Is Destroying America and the World: And What You Can Do about It, third edition. Berkeley: Ten Speed Press. を参照のこと。

第8章　「参加」のデザイン——ユニバーサルな社会のために

中村征樹

一　バリアフリーからユニバーサルデザインへ

わが国の障害者をとりまく技術的環境は、近年、大きく変わりつつある。外出時に駅を利用するときには、しばしば、エレベーターの設置工事が進行している光景を目のあたりにするようになった。また、かつてバスの床の高さ（乗降時の段差）は、車イス利用者やお年寄りがバスに乗車する際にハードルとなっていたが、近年ではそのような苦労を大幅に軽減する低床バスやノンステップバスも、急速に増えつつある。

進展するバリアフリー環境の整備

国土交通省の調査によれば、[★1]二〇〇一年三月の時点では、七割以上の鉄道駅が階段などの段差によってアクセス面での問題を抱えていた。しかしその後、二〇〇五年三月までの四年間に二割以上の駅でエスカレーターやエレベーターなどが設置され、[★2]それらのバリア（障壁）が解消されたという。いまだ半数近くの駅施設では問題は解決されていないとはいえ、バリアフリー化に向けた取組みは、依然、進行中であり、[★3] それになによりも、以上の変化がわずか四年のあいだに進行したものであることの持つ意味は大きい。また、低床バスやノンステップバスの導入状況についても、二〇〇一年三月にはそれぞれ四・九パーセント、二・二パーセントであったものが、四年後には二二・六パーセント、一二・〇パーセントと、いずれも四倍以上の伸びを見せている。[★4] これらの数値に顕著にあらわれているように、とりわけ今世紀に入ってから、身体障害者をとりまくアクセス面での物理的環境は格段に改善しつつある。

いまから三十年ほど前、鉄道へのアクセスを獲得するため、道路から駅ホームへのスロープ設置を要求した横山晃久は、小田急線梅が丘駅の上下ホームに二本のスロープが設置されるまでに、六年間にわたって運動を展開する必要があったという。しかもそれは、踏み切りで線路に立ちふさがり電車を止めるという実力行使をも駆使した、文字通り「身体を張った」取組みの末に得られた成果だった（横山、二〇〇一年、二六七頁）。

一九九〇年以降にいたってもなお、車イス利用者が乗車拒否にあうという事件が繰り返し発生してきた。一九九二年十一月に路線バスに乗車拒否にあった上田要は、乗車拒否事件とそれに対するバス会社の不十分な対応をきっかけとして、その後、障害者の交通権の問題に取り組んでいった。その過程で、当時、ヨーロッパで活用されはじめたノンステップバスの存在を知り、その導入をバス会社に求めていったが、九〇年代の半ばにおいてさえ、バス会社の反応はきわめて否定的なものだった。ようやく日本でもノンステップバスが導入されることとなったのは――しかも当初はきわめて限定的な

ものであった――、一九九七年のことだった。[★5]

実は筆者自身、乗車拒否事件の直後に、偶然、上田要の介助に携わることになった。当時、学生であった筆者は、乗車拒否されるという経験を受けたことも、そのような可能性を考えたこともなかったなかで、上田から乗車拒否の話を聞き、きわめて大きな衝撃を受けたことを覚えている。

それからわずか十年弱のあいだにこれほどの状況の変化があるとは、当時は思いだにしなかった。それほどまでに、障害者を取り巻く近年の環境の変化はドラスティックなものである。

バリアフリー関連法案の制定

障害者をとりまく技術的環境にドラスティックな変化がもたらされた背景には、先にみたようなさまざまな障害者たちの「身体を張った」運動があった。一九九〇年からは、障害者当事者団体であるDPI日本会議の呼びかけにより、既存の交通環境の問題点を浮き彫りにするべく、毎年、同じ日に全国二〇箇所以上の都市で身体障害者たちが公共交通機関を一斉に利用する統一行動も取り組まれてきた。

しかし、それらの運動を背景としながらも、障害者をとりまく急速な環境整備の直接的な誘引となったのは、「高齢者、身体障害者等の公共交通機関を利用した移動の円滑化の促進に関する法律」、いわゆる「交通バリアフリー法」が二〇〇〇年に、また「高齢者、身体障害者等が円滑に利用できる特定建築物の建築の促進に関する法律」、通称「ハートビル法」が一九九四年にそれぞれ制定されたことであった。

「交通バリアフリー法」は、国土交通相によって策定される同基本方針と一体となって、公共交通機関のバリアフリー化を推進するものとして制定された。一日あたり五〇〇〇人以上の利用者がある鉄道駅等について、施設の新設や大幅な改良時には、エレベーターやエスカレーターの設置などによって段差を解消することが義務づけられた。視覚障害者用の誘導ブロックの敷設や、身体障害者用のトイレの設置も求められることになった。また、鉄道駅周辺の地区の整備について、市町村が基本構想を策定したうえで、施設や道路等のバリアフリー化を推進するものとされた。

他方、「ハートビル法」は、デパートやスーパーマーケット、病院など、不特定多数が利用し公共的な性格をもつ建物を対象に、身体障害者や高齢者へのアクセス保障を求めるもので、段差がある場合のスロープの設置や、廊下の一定幅の確保、身体障害者用トイレの設置などを規定した。★6

しかし、以上の二法のもとで個々の駅施設や建築物ごとにバリアフリー化が進められた結果、施設間の経路の整備なども含めた連続したバリアフリー環境が実現されないなど、利用者の観点にたった取組みは不十分なものにとどまった。そのような反省にたって、二〇〇五年七月には、包括的な政策展開のための基盤となる「ユニバーサルデザイン政策大綱」が国土交通省によって策定された。同大綱では、『どこでも、だれでも、自由に、使いやすく』というユニバーサルデザインの考え方を踏まえた」政策展開を実現するものとして、これまでの取組みよりさらに踏み込んだバリアフリー施策の推進が掲げられた（鈴木、二〇〇六年）。

そして二〇〇六年六月には、政策大綱にのっとり、「交通バリアフリー法」と「ハートビル法」を一体化し、内容面でも拡充した「高齢者、障害者等の移動等の円滑化の促進に関する法律」（通称「新バ

リアフリー法」）が成立するなど、法整備も含めたバリアフリー化への対応は急速に進みつつある。★7

ユニバーサルデザインと「参加型社会」

このような政策的動向のなかで、「ユニバーサルデザイン政策大綱」や「新バリアフリー法」が追求するのは、障害者にとってのバリアフリーな環境の創出という技術面での整備にとどまらない。大綱では「ユニバーサルデザイン」という視点が前面に打ち出されたが、それは、バリアフリーな環境の整備をどのように実現するのかという方法論にも踏み込んだかたちで政策展開をはかろうという姿勢の表明であった。

大綱は、バリアフリーな環境の整備において、利用者の目線に立った取組みを重視する。そのために必要とされるのが、「利用者や住民の参加の下での計画策定などを促進する『参加』の視点」（国土交通省、二〇〇五年、六頁）であり、「参加型社会の構築」（同前、七頁）である。たとえば、次のように述べられる。

> 多様な人々の利用を視野に入れた取組みを進めるため、構想策定から施設整備、運用管理にいたるまでの各段階において、利用者、住民やＮＰＯなども含めた関係者の多様な参加を求め、そのニーズを反映させることなどを図っていくことが重要である。（同前、七頁）

そのうえで、「多様な関係者の参画の仕組み」（同前、一二頁）を構築するための具体的施策が提示される。

○公共施設等の整備や新たな国土計画の策定に当たり、構想から計画策定、実施、管理に至る様々な段階において、利用者や住民、NPOなどの参加を得て意見を反映させる仕組みを創設する。
○住民、NPO等が計画作成主体等に対し提案できる仕組みを創設するとともに、このような地域における多様な活動の担い手としての住民、NPO等に対して支援する。
○国土交通省自らが、所管事業において先導的に取組みを実施する。（官庁施設などの整備を行う際に、ワークショップを開催するなど、周辺の地域を含めた住民や関係者との連携を図る。）（同前、一一二頁）

ここから見られるように、計画の構想段階から当事者が意見を提示し、提案を行うことが重視され、そのための仕組みの構築が図られるのである。

大綱にのっとって策定された「新バリアフリー法」では、バリアフリー化推進のための基本方針や各種施策を国が策定するにあたって、「高齢者、障害者等、地方公共団体、施設設置管理者その他の関係者と協力し」、また「これらの者の意見を反映させるために必要な措置を講じ」ることが明記された（第四条）。市町村における基本構想の策定にあたっても、「あらかじめ、住民、生活関連施設を利用する高齢者、障害者等その他利害関係者の意見を反映させるために必要な措置を講ずる」ことが規定されるとともに（第二十五条六項）、「高齢者、障害者等その他の生活関連施設又は生活関連経路を構成する一般交通用施設の利用に関し利害関係を有する者」は、「市町村に対して、基本構想の作成又は変更をすることを提案することができる」こと、また、「提案を受けた市町村は、当該提案に基づき基本構想の作成又は変更をするか否かについて、遅滞なく、公表しなければならない。この場合において、基本構想の作成又は変更をしないこととするときは、その理由を明らかにしなければならない」（第二十七条）というかたちで、障害当事者の関与を組み込んだ制度設計が要請されたのである。

そのような姿勢は、「交通バリアフリー法」には見られなかった視点である。当事者の関与については、同法のもとで策定された基本方針においてわずかに、市町村が策定する基本構想のもとで個別の事業計画を作成するにあたって、「公共交通機関を利用する当事者である高齢者、身体障害者等を始め関係者の意見を聴取すること等により、それらが特定事業計画に十分に反映されるよう努めること」が求められたにすぎなかった。

そのことを鑑みるならば、障害者をとりまく環境整備をめぐる現在進行中の政策動向の特徴は、たんなる技術面でのアクセシビリティの向上にとどまるものではなく、利用者の視点を重視し、そのために当事者の参加を積極的に組み込んだ点にあるといえるだろう。参加型社会の実現を通したアクセス環境の整備・向上という姿勢は、少なくとも政策理念のうえでは大きな前進である。技術的な環境整備としての「バリアフリー」に対して、政策大綱で盛り込まれた「ユニバーサルデザイン」というコンセプトは、デザインへの参加を通した環境の改善という当事者参加の要素を組み込んだのである。

二　試練にさらされるユニバーサルデザイン

市場経済のなかのユニバーサルデザイン

しかし、ユニバーサルデザインという普遍的な理念が政策的次元に組み込まれる一方で、社会のなかで実際に障害者がおかれている環境に目をむけるとき、ユニバーサルなアクセス環境の創出には多くの課題が残っていることも事実である。

「新バリアフリー法」の国会提出を目前に控えた二〇〇六年一月、大手ホテルチェーン東横インで、障害者用施設にかかわる不正改造が行われていたことが明らかになった。同社は、「ハートビル法」や条例等で設置が定められた障害者用客室や視覚障害者用点字ブロック、身体障害者用駐車スペースなどを、自治体や民間による完了検査直後に、一般客室やロビーに改造したり、撤去したりしていた（『朝日新聞』二〇〇六年一月二七日朝刊）。さらにこの事件を印象づけたのが、不正改造問題の発覚にあたって同社社長（当時）によってなされた発言だった。

問題発覚にあたって行われた会見で、東横イン社長は、「身障者用施設を作っても、年に一、二人しか来なくて、一般の人には使い勝手が悪い」、「（小さな条例違反であり、）時速六十キロ制限の道を六十七～六十八キロで走ってもまあいいかと思っていたのは事実」などと発言した（『朝日新聞』二〇〇六年一月二七日夕刊）。それらの発言は、当然のことながらひろく反感をかった。幅広い非難が浴びせられるなかで、それから十日後に行われた会見では、同社社長があからさまに態度を豹変させたことも印象的だった。

しかしここでは、そのような発言の非倫理性を糾弾するのではなく、むしろそれらの発言が浮き彫りにするもうひとつの問題に着目したい。東横イン社長の発言は、きわめて広範な大衆の顰蹙をかった。しかし、もう一方で確実にいえることは、企業のリスク管理が問われているこの時代に、ほかの多くの経営者であれば、メディアを前にして先にみたような「不用意な」発言は行わなかっただろうということであり、逆にいえば、同社社長はある意味であまりに「率直すぎた」ということである。

もちろん、東横インの事例はきわめて悪質である。しかし、はたして他の多くの企業にとって、東横イン問題がまったくの他人事かといえば、程度の差こそあれ、かならずしもそうとは言い切れないようにも思われる。いいかえれば、多くの企業は状況判断においてより「賢明」なだけであって、それは経営的な判断やリスク管理という計略に支えられているのであり、それゆえに結果として、東横インほどに悪質なものとはなっていないという可能性もぬぐいきれないようにも思われるのである。

そもそも、公共交通機関や各種施設におけるバリアフリー化の急速な進展は、それらの機関・施設の利用が障害者たちにとっての「権利」であるという認識が広く共有され、普遍化したことの結果であるとは、かならずしもいえない。むしろ、日本社会の高齢化が急速に進むなかで、旧来の交通システムや建築構造によって不利益をこうむる人々の数が格段に増大し、問題が事実レベルで普遍的な広がりをみせたからという要因が大きい。特定の人々に対して特別の解決手段を用意するという「バリアフリー」という考え方から、あらゆる人々に対しての平等で普遍的なアクセスを保障する「ユニバーサルデザイン」という理念への転換が進みつつある背景にも、高齢化社会の進展による問題の普遍化がある。★8 さらに、公共交通機関や各種施設に限らず、ユニバーサルデザイン住宅やユニバーサルデザイン製品など、個人住宅や工業製品などにおけるマーケットの広がりも射程に入れるならば、身体障害者や高齢者などの交通弱者のもつ普遍的な「権利」についての認識の深化が環境の変化をもたらしているというよりは、身体障害者と高齢者が一体となることによって、マスとして、経済的にも社会的にも大きな影響力を持つようになったからこその変化が大きいことが浮き彫りになるだろう。対象となる人々のマスとしての拡大ゆえに、顧客として無視しえなくなったという状況認識、そして対策をとることがペイしうるという可能性の浮上が、ユニバーサルデザイン化の進展を支える大きな要因となっている。わが国の産業界にとって、ユニバーサルデザインは魅力的なマーケットとなってさえいる。

それは一方で、日本社会における高齢化の進展という確度の高い見通しがあるなかで、バリアフリー化にむけた取組みの広がりを支える現実的な担保とはなる。しかし他方で、障害者をとりまく環境の改善が、「権利」についての認識の深化に支えられた磐石なものであるというよりは、ある意味で、きわめて微妙な均衡関係のうえにおかれているということには留意する必要がある。だからこそ、「新バリアフリー法」の策定時には、障害者の「移動の自由」が基本的な「権利」であることを条文に明記するようにとの要請が、障害当事者などからなされたのであった。★9 その意味で、バリアフリーな環境の拡大や、ユニバーサルデザインの普及が進行しつつある状況は、それ自体は望ましいものであるとはいえ、かならずしも楽観できない状況にあることは認識しておくことが必要だろう。

だからこそ、そのような情勢の変化の背景にあるものを見据え、より微細に検討していく必要がある。そして、当事者の「参加」が実現しているのか否か、あるいはどの程度、実現しているのか、というだけではなく、そのような「参加」がどのような文脈のもとで要請されているのかということもまた、問われねばならない。

デザインの次元の多層性

ユニバーサルデザインの展開を考えるうえで、また別の角度から重要な問題を提起していると思われるのが、二〇〇五年二月に開通した福岡市営地下鉄七隈線の事例である。

七隈線の建設にあたっては、計画初期の段階から、車イス利用者や視覚・聴覚障害者、妊婦や幼児連れの母親など、移動にさまざまな困難を抱えた人々に対してヒアリング調査を行い、意見交換をするなかで、彼らのニーズを汲み取ることに少なからぬ努力が注がれた。さらに開通に至るまで、障害者の参加のもとでの大規模な検証実験や確認実験が行われるなど、「ユニバーサルでだれにも使いやすい」地下鉄のデザインが追求された。そのプロセスを記録した『公共交通機関のユニバーサルデザイン――福岡市営地下鉄七隈線トータルデザイン十年の記録』（地下鉄三号線JVグループ編、二〇〇五年）からは、当事者の参加を重視することによって、彼らのニーズを的確にくみとり、利用者の目線に立った地下鉄が作り上げられていった様子をうかがいしることができる。そして、ユニバーサルデザインへの取組みとすぐれたデザイン性により、七隈線は、グッドデザイン賞や機械工業デザイン賞、日本サインデザイン協会のSDA賞など複数の賞を受賞するなど、高い評価を受けたのであった。

しかし他方で、デザイン面におけるすぐれた評価とは裏腹に、開通後、七隈線は利用者が目標の四割にとどまるなど利用低迷に見舞われることになる。そのような状況を踏まえて福岡市交通局が沿線住民を対象に実施した調査からは、既存路線への乗り換えにあたって地下街を経由する必要があり、また博多駅にも乗り入れていないなど、路線設定上の問題が利用を遠ざけていることが明らかになった。その結果、住民の半数近くが、「今の生活パターンでは利用を考えにくい」と答えたという（『朝日新聞』（西部版）二〇〇六年一月十九日夕刊）。ここからは、駅施設や車両のデザインにおいては、移動に困難を抱えた当事者のさまざまなニーズをくみとりながらも、地下鉄の路線設定というより基本的な次元において――そしておそらくは、実務レベルでは対処しえない次元で――、広範な利用者のニーズとは大きな距離があったという、いびつな構造が浮き彫りになってくる。

ユニバーサルなデザイン環境の創出を目指し、当事者の参加を組み込んだ先駆的な取組みである七隈線において、このような状況が生じているということは、ユニバーサルデザインの今後の展開を考えるうえでみすごせない。七隈線の事例から明らかになるのは、ある限定されたフレームのなかで望ましい当事者の「参加」が実現されたとしても、そのことがただちに、広範な利用者の生活のニーズにねざしたデザインであることを保障するものではないということである。当事者のデザインへの「参加」という問いを考えるにあたっては、デザインされたもの自体の人工物としての使いやすさから、それが埋め込まれている広範な文脈のなかでの機能をも含めた、デザインのもつ多層的な次元が検討される必要があるのである。

三　ユニバーサルデザインにおける「参加」概念の再検討

当事者参加の二つのモデル

ここで、社会政策・福祉行政への「参加」をめぐってなされてきた議論は、デザインへの「参加」という問題を考えるにあたっても重要な論点を提示してくれる。

公共サービスにおける新しい政策動向について検討したクラークらは、サービス提供対象の捉え方には、「サービス提供の対象である顧客としての側面と、行政が説明責任を負っている市民としての側面の両者がある」と述べる。★10 そして、社会政策における「参加」の問題に着目して論点の整理を行ったクロフトらは、クラークらの整理をも踏まえつつ、社会政策への利用者の関与には、「消費者主義的アプローチ」と「民主主義的アプローチ」の二つがあると指摘する（Croft & Beresford, 1992）。消費者主義的アプローチのもとでは、「参加をめぐる議論は、消費者主義的なタームと市場の関心に覆いつくされる」（ibid., p. 32）。そして、『消費者』のウォンツとニーズがもっとも重視され、人々は『消費者』として位置づけられ、彼らのニーズが商品というかたちで提供される」（ibid.）。これに対して、民主主義的アプローチのもとでは、「（提供される）サービスに自分たちの声を反映させるだけではなく——たとえそれがいかに重要なものであっても、である——、より一般的なレベルで、自分たちがどのように扱われるのか、いかなる配慮が払われるのかということが重要である」（ibid.）。そこでの問題関心は、「エンパワーメントであり、権力の再配分であり、人々が声をもっとあげられること、自分たちの生活を自分たちでコントロールできること」（ibid.）にあるのである。★11

クロフトらの整理を援用するならば、バリアフリーなアクセス環境の整備にむけて障害当事者がこれまで繰り広げてきた運動は、基本的に、「民主主義的アプローチ」によるものが主流であった。

わが国では、交通アクセスを求める障害者たちの運動は、バス乗車拒否事件に対するバス占拠行動などの実力行使をも伴いながら、一九七〇年代から本格化した。その過程で、一部の障害者たちが障害者専用のリフトバスの運行を拒否したことが象徴的に示すように、それらの運動は、たんなる物理的環境の改善にとどまるものではなく、広く障害者の生活権の確保を追求するものであり、差別の撤廃を求める「公民権」運動とも連動したものであった（田中、二〇〇五年、三九―四一頁）[★12]。

他方で、近年、わが国で進展している福祉制度改革の動向に目を向けてみると、そこからはもうひとつのアプローチの存在が浮かび上がってくる。

障害者の生活支援において二〇〇三年に導入された支援費制度では、これまで行政の裁量にゆだねられていた障害者福祉制度が、個人とサービス提供者とのあいだの対等な契約を基本とする契約型福祉へと転換された。また、障害当事者の意思を尊重してサービス利用業者の選択を可能とするという理念のもとで、多様なサービス提供主体の参入が促進され、市場原理を活用したサービスと効率性の向上が図られた。それは一方で、理念としては一定の前進をみせているものの、生活支援が契約にもとづく「サービス」として位置づけなおされたことの持つ意味は大きい。それは、クロフトらの議論を踏まえるならば、サービスの受け手（あるいは「購買者」）として障害者・高齢者を位置づけるという、「消費者主義的アプローチ」にもとづく政策展開であった[★13]。

二〇〇五年十月に成立した「障害者自立支援法」が、サービス利用者に「応益負担」を求めたこと

——それは、地域で自立生活を送る障害者たちの生活基盤を奪うものだとして、障害当事者たちによる広範な反対運動を引き起こした——も、障害者たちがサービスの受給者として位置づけられたがゆえのことだった。

そのようなかたちで進展する福祉制度改革のありかたは、ユニバーサルな環境の整備が進展しつつある状況の背後にあるものを浮き彫りにする。もちろん、ユニバーサルデザインの進展は、「消費者主義的アプローチ」の台頭へと還元できるわけではない。にもかかわらず、さきに見たように、高齢化が進行するなかで、交通弱者が顧客として無視しえなくなったという状況、そして産業界にとっても魅力的な新しいマーケットとして位置づけられつつあるという背景が、ユニバーサルデザインの普及を促しているという現状を見据えたとき、そこには「消費者主義的アプローチ」の影響が色濃くその影を落としていることをみてとることができるだろう。

そのことが持つ意味を考えるにあたって、行政への住民参加をめぐる榊原秀訓の指摘は示唆的である。榊原によれば、消費者主義的アプローチのもとでは、「行政においても、政策形成ではなく、政策執行へ参加が限定されがち」（榊原、二〇〇三年、一七頁）であるという。そのような懸念は、障害当事者をめぐる議論においても無視できない。もちろん、ユニバーサルデザイン政策大綱でも「新バリアフリー法」でも、計画の初期段階から、当事者が関与する仕組みを作り上げることの重要性が指摘されてはいる。にもかかわらず、ユニバーサルデザインがそのなかで普及しつつあるグローバルな環境に目をむけたとき、「住民を顧客・消費者と描く理念の限界」（同前）を指摘する榊原の議論は、軽視しえない重みをもってくることを認めざるをえないだろう。

人工物のデザインへの当事者参加

それは、ユニバーサルデザインがとりわけ人工物にかかわるものであるだけに、より慎重に検討されるべき課題である。[★14] そのことを考えるために、人工物がデザインされる過程に障害当事者が関与することの持つ意味・意義を確認したうえで、デザインへの参加をより広い文脈のなかで検討することにしたい。

はじめに確認しておくならば、障害当事者のデザインへの参加とは、作り手がえてして見落としがちである使い手のニーズを、たんに情報としてインプットするというだけのものではない。

柳田博明らは、技術者たちが陥りがちな思考様式を「スパゲッティ症候群」と名づける（柳田・山吉、一九九六年）。なんらかの新しい問題に直面したとき、技術者は新たな機能を付加することによって、問題を解決しようとする。その結果、機能が次から次へと増殖し、人工物は複雑化の一途をたどることになる。その様子を柳田は、複雑にからみ合ったスパゲッティにたとえる。そこにあるのは、「局所的な最適化が、トータルな見地からは必ずしも最適とはならず、かえって最適から遠ざかる」（同前、一一頁）というパラドクスである。

デザインへの参加が当事者のニーズのインプットにとどまるのであれば、技術開発の現場に固有なそのような「文脈」をそのままに、さらなる機能の付加を求めるものとなりかねない。段差にスロープをつける、バスにリフトをつける、階段に車イス用昇降機を設置するという旧来のバリアフリーの発想は、柳田のいう「スパゲッティ症候群」に囚われているのである。

しかし、ユニバーサルデザインが追求するのは、そのようなものではない。「ユニバーサルデザイン政策大綱」でも掲げられた「利用者の目線に立った取組み」とは、技術開発に特有の「文脈」に埋め込まれていたデザインを、利用者がそのプロセスに関与することによって、人工物が実際に使われる「文脈」のなかにおきなおすことである。そこでは、生活を送る当事者にとっての「文脈」のなかで、人工物のデザインの望ましい姿が探られていくことになる。それは、ユニバーサルデザインにおいて、当事者・利用者の「参加」が重視される理由はそこにある。それは、デザインのプロセスに当事者の参加を組み込むことによって、デザインのあり方そのものにドラスティックな変容を迫るものなのである。★15

人工物のデザインから社会のデザインへ

しかし、もう一方で留意するべきなのは、そのようなデザインへの参加が実現されるなかで、望ましい人工物を作り出すことによって直面する課題が「解決」されるとき、はたしてそれが最善の解決を与えるのかという問題である。

そのことを考える際、先にみた障害者専用のリフトバス運行を拒否した障害者たちの事例は示唆的である。そこからうかがい知ることができるのは、障害当事者たちが繰り広げてきた運動は、アクセスを求めるものであると同時に、アクセスを求めるだけのものではなかったということである。この二重性はきわめて重要である。

もちろん彼らは、日常生活を送り、社会参加を実現するための前提条件となるアクセス環境の現実的な整備を求めていた。しかし、同時に彼らが追求したのは、たんなるアクセス環境の整備ではなく、アクセス環境における彼らの平等な扱いであり、障害者を社会から排除しようとする現実の変革であった。障害者専用のリフトバスとは、たんに彼らのニーズに適わない「不便な」ものだったがゆえに拒否されたのではなく、そのような解決策によってもたらされる社会のありかたが、端的にいって望ましいものではなかったから拒否されたのだった。彼らにとって、アクセス権に関わる問題とは、技術的な問題である以上に、社会的・政治的な問題でもあった。

ユニバーサルな社会をデザインしていくうえで、人工物のデザインは、きわめて重要な位置を占めるが、あくまでその一部を構成するにすぎない。しかし、テクノロジーは、プラクティカルな次元でとりあえずの解決策を与えるきわめて強力な力を持っているがゆえに、問題を技術的な次元へと回収してしまう魔力を持っている。事実、ユニバーサルデザインをめぐる議論は、人工物のデザインを主要なフィールドとして繰り広げられてきたように見受けられる。そのような現状を鑑みたとき、技術的な解決のもつ限界性には、細心の注意を払う必要があるだろう。人工物のデザインは、あくまで、ユニバーサルな社会のデザインをめぐるグローバルなヴィジョンのなかに位置づけられなければならない。

ユニバーサルデザインは、今後、日本社会のなかで急速に普及していくだろう。だからこそ、その現実の姿をさまざまな角度から検証し、その望ましいあり方を構想していくことが必要である。そして、ユニバーサルな社会をどのようにデザインしていくのか、という根本的な問いを抱き続けることが求められているのである。

文献

秋元美世（一九九六）「福祉行政における利用者参加とその制度的保障――イギリスのコミュニティ・ケア改革を素材として」（社会保障研究所　一九九六）、一五三―一七七頁。

国土交通省（二〇〇五）「ユニバーサルデザイン政策大綱」（http://www.mlit.go.jp/kisha/kisha05/01/010711/01.pdf）

国土交通省総合政策局（二〇〇五）「交通バリアフリー法に基づくバリアフリー化の進捗状況について（公共交通事業者等からの移動円滑化実績等報告書の集計結果概要）」（http://www.mlit.go.jp/kisha/kisha05/01/011104_.html）

榊原秀訓（二〇〇三）「住民参加の展開と課題」、室井力編『住民参加のシステム改革――自治と民主主義のリニューアル』（日本評論社）、八―三七頁。

社会保障研究所編（一九九六）『社会福祉における市民参加』（東京大学出版会）。

鈴木賢一（二〇〇六）「バリアフリーからユニバーサルデザインへ――交通バリアフリー法の見直し」、『調査と情報』、第五二六号（http://www.ndl.go.jp/jp/data/publication/issue/0526.pdf）

田中耕一郎（二〇〇五）『障害者運動と価値形成――日英の比較から』（現代書館）。

地下鉄三号線JVグループ編（二〇〇五）『公共交通機関のユニバーサルデザイン――福岡市営地下鉄七隈線トータルデザイン十年の記録』（宣伝会議）。

平岡公一（一九九六）「イギリス社会福祉における市民参加――ボランティア活動と当事者参加を中心に」（社会保障研究所　一九九六）、二七一―二九四頁。

柳田博明・山吉恵子（一九九六）『テクノデモクラシー宣言――技術者よ、市民であれ』（丸善株式会社）。

ユニバーサルデザインの考え方に基づくバリアフリーのあり方を考える懇談会（二〇〇五）「ユニバーサルデザインの考え方に基づくバリアフリーのあり方を考える懇談会報告書」（http://www.mlit.go.jp/kisha/kisha05/01/010527_3/03.pdf）。

横山晃久（二〇〇一）「不屈な障害者運動――新たな障害者運動を目指して」、全国自立生活センター協議会編『自立生活運動と障害文化――当事者からの福祉論』（現代書館）、二六三―二七〇頁。

Croft, Suzy and Peter Beresford. 1992. "The Politics of Participation", in *Critical Social Policy*, 12-2, pp. 20-44.

Norman, Donald A. 1988. *The Psychology of Everyday Things*, New York: Basic Books（野島久雄訳『誰のためのデザイン?――認知科学者のデザイン原論』（新曜社、一九九〇年））

Prieser, Wolfgang F. E. ed. 2001. *Universal Design Handbook*, Blacklick: McGraw-Hill Professional（梶本久夫監訳『ユニバーサルデザインハンドブック』（丸善株式会社、二〇〇三年））

Welch, Polly and Chris Palames. 1995. "A Brief History of Disability Rights Legislation in the United States," in Polly Welch ed., *Strategies for Teaching Universal Design*, Boston: Adaptive Environments, Berkley: MIG Communications, pp. 5-12. (available at http://www.adaptenv.org/universal/strategies.php)

★1　ユニバーサルデザインの考え方に基づくバリアフリーのあり方を考える懇談会（二〇〇五年、五頁）、および国土交通省総合政策局（二〇〇五年）より。

★2　ただし、この統計の基準となっている「移動円滑化のために必要な旅客施設及び車両等の構造及び設備に関する基準」第四条では、バリア排除の条件を規定する過程で、「エスカレーター（構造上の理由によりエスカレーターを設置することが困難である場合は、エスカレーター以外の昇降機であって車いす使用者の円滑な利用に適した構造のもの）」と記述されており、駅係員による操作を要するために利用者にとっては必ずしも便利とも安全・安心ともいえない「昇降機」の設置も含めて、バリアの解消と位置づけられていることには、留意する必要があるだろう。

★3　二〇〇四年十月に国土交通相により告示された「高齢者、身体障害者等の公共交通機関を利用した移動の円滑化の促進に関する法律の基本方針」では、一日あたりの平均乗車数五千人以上のすべての鉄道駅について、二〇一〇年までに段差を解消することが目標に掲げられた。

★4　前記基本方針では、二〇一〇年までにすべてのバスを低床化するとともに、バス総車両数の二十から二十五パーセントをノンステップ化すると謳っている。

★5　「障害者の交通権を求め、バス乗車の壁をなくす会」のホームページより（http://www.asahi-net.or.jp/~uz3msmym/basukabe/index.html)。

★6　なお、「ハートビル法」は、対象となる施設を多数の者が利用する学校や事務所、共同住宅等にも拡大するとともに、特定の施設について対応の義務化を盛り込むかたちで、二〇〇二年に改正された。

★7　またこの間、二〇〇四年六月には障害者基本法が改正され、公共的施設や情報利用におけるバリアフリー化の推進が明確に盛り込まれた。

★8　そもそも、「交通バリアフリー法」も「ハートビル法」も、そして「新バリアフリー法」も、いずれも高齢者と障害者が主要な対象として位置づけられている。

★9　『東京新聞』二〇〇六年四月二十一日朝刊「特報　新バリアフリー法を考える――普通に乗りたいだけ」。

★10　M. Clark and J. Stewart (1986) *The Public Service Orientation: Issues and dilemmas to be faced.* INLOGOV Working Paper 4, Local Government Training Board.　Cited in Croft & Beresford (1992, p. 25).

★11　なお、秋元（一九九六年）は、クロフトらの議論を参照して、イギリスにおけるコミュニティ・ケア改革の動向をまとめている。

★12　なお、米国でも交通アクセスの獲得にかかわる障害者運動は、公民権運動と密接なかかわりを持っていた（Welch & Palames, 1995）。

★13　ただし一九九〇年代にイギリスで実施された「コミュニティ・ケア改革」に着目する平岡公一は、その改革が「消費者主義（consumerism）」を基調として展開された点について、「市場の場におけるコンシューマリズム」を前提としながらも、他方で、サービス利用に対する市民の権利の保障面での改善も改革の目的に含まれていたことを指摘する。そのような点を強調するべく、平岡は“consumerism”に「消費者主権主義」という訳語をあてている（平岡、一九九六年、二八六―二八九頁）。

★14　もちろん、「ユニバーサルデザイン」とは人工物のデザインに限定されるものではなく、教育や制度などあらゆるものを対象とするものではあるが、現実的には、交通環境や建築物、工業製品などでおもに展開されてきたことは、たとえばユニバーサルデザインに関する「世界初のハンドブック」である『ユニバーサルデザインハンドブック』（Preiser ed., 2001=2003）に掲載されている項目の大半が、人工物にかかわるものであることからもうかがい知ることができる。

★15　この点で、多くのデザインがいかにユーザーにとって使いにくいものになっているかを指摘し、「使いやすいデザイン」のあり方を認知科学的な視点から検討するドナルド・ノーマンのデザイン論は、ユニバーサルデザインの意味を考える上でもきわめて示唆に富む（Norman, 1988=1990）。

第9章　技術と環境——生態学的観点から

柴田　崇

高齢者や障害者だけではなく、すべての人にとってよいデザインであること。ユニバーサルデザインには、そのような理想がある。この理想を実現するために、現在アメリカでは、単に物理的な側面だけでなく、文化や民族、経済状況、さらに性別の違いなど、利用者と社会の関係に注目する立場が広がりつつある。[★1] 建築や工業デザインから出発したユニバーサルデザインのこうした新しい流れに逆らうものではないが、本稿では、物理的、あるいは生理的地点に立ち戻り、環境と身体の相補性を前提にする生態学の観点から技術としてのユニバーサルデザインを捉え直そうと思う。以下、生態心理学の分野であがった成果のいくつかをレビューしながら、「すべての人にとってよいデザイン」について考えるもう一つの視点を提出する。

1

最初に取り上げるのは、視覚障害があるT氏のナヴィゲーション（歩行技術）の実験と観察である。[★2]

T氏（女性）は、小学校一年生まで光と色と目の前五センチの距離で指の本数を識別する視力があり、止まっている車を視覚で避けることができたが、現在は両眼とも視力はゼロで光の感覚もない。実験は、東京駅地下から京葉線へ向かう幅六七メートルの広い地下通路で行なわれた。課題は、壁の切れ目で止まることである。白杖は使用しない。T氏はまず移動開始位置までガイドされて行き、切れ目が身体の右側に来るように、壁を右側にして立つ。壁から肩までの距離は約一メートルで、移動開始位置から切れ目までの歩行距離は、試行ごとに最短で七メートル、最長で三〇メートルまで変える（実験1）。次に、移動開始位置を移し、今度は壁を左側にして立ち、同じ手順で実験を行なう（実験2）。二つの実験を、それぞれ七試行と六試行、行なった。実験の結果、T氏はどちらの実験でも切れ目で止まることができたが、移動の軌跡は異なっていた。実験1では、出発してからいったん壁側に接近するように蛇行した後、壁から遠ざかり、そしてまた壁に寄った。実験2では、壁から少しずつ離れ続け、そのまま切れ目に至った。二つの実験の差について、佐々木は、「切れ目の周囲にあった音の構造が部分的に説明」（佐々木、二〇〇一年、九八頁）すると考える。佐々木の共同研究者であった伊藤によれば、『地点1（右側に壁のある場所）では切れ目周辺部や壁面付近に排気口が複数存在している。その内、切れ目の方向にある排気口はそのモーター音が大きく、この地点をもっとも特徴づけている。対照的に地点2（左側に壁がある場所）の切れ目の周囲には排気口が少ない。つまり、地点1と2との相違点は、排気口の存在に基づく放射音の強弱である。地点1の場の壁面付近には直接音と反響音を構成要素とする音響学的流動が生起するが、地点2の場の壁面およびその切れ目付近には反響音のみが満ちている』（同）。音響的流動とは、『音源から直接到来する放射音と配置されている諸対象の面から直接に到来する反響音とのエネルギー比や到達時間差の変化』」（同）を言う。[★3] 左右の壁の切れ目が異なる音場に配置されていたという伊藤の考察は、地下通路の壁の切れ目や連続を特定する音響情報が実在することと、視覚障害者が、それを利用して歩行する技術をもっていることを明らかにする。

次に取り上げるのは、重度の運動障害を負った二〇代男性の靴下はきである。[★4] 男性は、頸椎5番（C5）を骨折したために、肩から下の知覚と運動が完全に麻痺している（残存機能レベルC6）。腕と手にも部分的な麻痺があり、随意的に動かすことはできない。広範囲の麻痺のため座位では支えなしに姿勢を維持することができず、両手のリーチング（対象への腕伸ばし）や把持は、腕を振って手先や指で対象物に触れたり、引っかけたりするという限られた動作だけで行なわなければならない。課題はベッドの上で靴下をはくというものである。「彼は指を折り曲げて靴下を握ることが難しいので、靴下の両側に取り付けられた輪に指をひっかけて靴下を動かしている。靴下をかぶせるターゲットである足は随意的に動かせないが、健常者が行うように座位姿勢でリーチングを行うと体幹が倒れてしまうので、手で外的に曲げて足先を体幹の前にもってくるか、体幹を倒して足先に近づけるかのどちらかでターゲットに接近する。体幹が倒れないように支持するのは難しい。前屈しているときは、体幹を腕や肘で支えるか、体幹を左右に倒して支えているが、この姿勢では両手が使えないので支持する手を交換しながら操作も行わなければならない。ベッドにもたれるときは、手を伸ばしたり足を抱えたりするたびに倒れてしまいそうになる。彼の身体は、靴下に向かうとき何とも不安定になり、行為のプロセスは姿勢の崩れによって何度も中断される」（宮本、二〇〇一年、一五—一六頁）。観察は、男性が受傷後初めて靴下はきに挑戦した九月の試行から半年後の三月まで合計五回行なわれた。どの試行でも靴下はきの課題は達成されたが、当初約一五分だった所要時間が最終的に約二分に短縮されたことから、半年間に靴下はきのスキルが向上したと見なせる。「観察によれば、すべての試行には共通する手順――①体幹が倒れないような支持を確保→②靴下をはめやすい位置にまで足先を移動する→③靴下の入り口を広げて爪先にはめる→④靴下を引き上げる――が見られた」（同書、一七頁）。靴下をはくというタスク（課題）を達成するためのこれら四つのサブタスクにおいて、初めは多様な運動パターンが使用されていたが、次第に一定のパターンに収斂していった。例えば、②の局面では、初回の試行で「片足を腕で持ち上げて逆の脚上に乗せる」「脚下の手首を引っ張り脚を浮かせる」など五つのパターンが見られたが、三回目以降、「膝下に片手を差し込んで脚を浮かせる」「脚を腕で体幹に引き寄せ持ち上げる」というまったく別の二つのパターンに収束した。このデータから、スキルの向上は個々の運動が効率的にパターン化する直線的な進展であるかのような印象を受ける。確かに、初回の試行では、①〜④の各タスクはつねに同時進行で明確に分化していなかった。それが、二回目以降にはっきりと分化し始め、四つのサブタスクを①〜④まで一つ一つ解決して靴下はきが達成された。しかし、四回目以降、「この段階的な組織化のパターンが崩れ、ふたたびタスク間の同時進行が現れる。今度は複数のゴールが同時に解決されていくという点で、九月（初回）の組織化構造よりも高次の分化『同時化』が生じている。靴下はきの発達は、半年のあいだに未分化→段階化→同時化（高次の分化）という三種の運動構造を経験した」（同書、二七頁）。「言うまでもなく、健常者が靴下はきをするとき、姿勢を保ちながら同時に複数の運動制御を行っている。対象者であった頸髄損傷者は、こうした複数性、つまり『同時性』をもつ構造を発達させていったのである」（同書、二八―二九頁）。

2

二つの事例をインターフェイスのレイアウトの観点から整理してみよう。

最初の事例の現場となった地下通路には、まず歩行に支障がない程度に平坦な地面がある。遊離物であれ定着物であれ障害物がなく、勾配のきつ過ぎない地面は歩行の条件である。加えて、日常生活の歩行では、地面とともに左右の壁面が重要な意味をもつ。目的地に向かう歩行は、壁（遮蔽面）にぶつからずに、適当な切れ目（開口部）を抜けてゆく行為の繰り返しである。地下通路を歩くには、壁と切れ目の差異を知覚しなければならない。実験では、音響情報が、知覚において大きな役割を果たしていた。地下通路には図らずもいくつかの音源があり、壁と切れ目を特定する音響情報をつくりだしている。普段のT氏の歩行には、壁や柱の存在を確認する必要がある場合に、意識せずに白杖による地面の叩き方を強めて音をつくるという特徴がある（佐々木、二〇〇一年、九五頁）。音源のない空間は、光源のない空間と同様、環境のレイアウトを特定する情報に乏しく、誰にとっても住みづらい世界に違いない。私たちは、自覚するとせざるにかかわらず、さまざまなモードの情報を探索し、ある時は自ら情報をつくりだしながら生活しているのである。ここから、歩行をガイドするさまざまな情報をつくりだすインターフェイスのデザインという方向性が考えられる。最初の事例は、触覚に基づく既存の誘導ブロック以外にも、音源と音を反射する壁面群のレイアウトにより音場がデザインできることを示唆した。複数のモードの情報をつくりだすという視点で建築物の面をレイアウトすることは、すべての人にとって歩行や定位をより容易にする点で、デザインの指標となると考えられる。

二つの目の事例にも、いくつものインターフェイスが存在する。体幹を支持し、靴下はきの姿勢を安定させるのに十分な固さのベッドの面の他に、指と一体となって靴下を引き上げたり開口部を広げるために靴下の両側に取りつけられた輪、靴下の開口部から奥に続く靴下の内面、靴下をかぶせるターゲットとしての自分の足の表面がある。インターフェイスのデザインとしては、開口と引き上げをより容易にする靴下の輪が注目される。姿勢を維持しながら、靴下の両側に付いた輪を引いて開口部を形成し、開口部を足にはめ、引き上げるという要素が、靴下をはくすべての人の行為に共通しているならば、靴下の輪は、はき易い靴下のデザインを考える手がかりになるかもしれない。

このようにインターフェイスのレイアウトという観点からも、よいデザインへのいくつかの手がかりが得られる。とはいえ、この観点は重要な事項を見落としている。それは、感覚を含む身体の組織化、あるいは発達の可能性である。頸髄損傷の男性は、約半年の試行を経て、健常者が靴下はきをする時と同じく姿勢を保ちながら同時に複数の運動制御ができるようになった。男性は、「同時性」というもっとも効率的な運動構造を、健常者や損傷を被る前の自分の靴下はきの再現ではなく、これまでとは異なる制約をもった身体を使って環境と切り結ぶことで発達させたのである。身体の組織化には、運動構造だけでなく感覚の発達も含まれる。所沢の国立身体障害者リハビリテーションセンターでは、訓練開始から二週間、杖の利用を導入してから数日後から、視覚障害者に壁の切れ目を見つける課題を出す。訓練士は、訓練生が切れ目で止まると、止まれた理由を必ず聞く。視覚情報によらなくても壁の切れ目は知覚できる。この方略には、知らないうちに使っている情報を意識しながら使うことで、環境を知覚するモードの発達を促すという意図がある（佐々木、二〇〇一年、八七―八八頁）。いずれの場合も、身体の組織化は、環境の特性によって支えられている。

生態心理学のJ・J・ギブソンは、道具をはじめとする人工物と身体の関係について、次のように記している。「その使用において、道具は一種の手の延長であり、ほとんど手の付着物、または使用者の身体の一部といえる」（Gibson, 1979, p. 41）。[★5] ハサミにもいくつかのインターフェイスがある。ハサミの輪の部分は、手になじみ力を効率よく伝え、刃の部分は、対象を切るのに十分な鋭さがあるように設計されている。よく設計されたハサミは身体の一部に組織化されることで初めてその機能を発揮する。ハサミを組織化すると、素手ではうまく切れなかった対象は切ることをアフォードする（可能にする）ものとして知覚されるようになる。[★6] ギブソンは、行為をアフォードする環境の特性をアフォーダンスと名づけた。アフォーダンスは環境に潜在していて、身体が探索することで知覚される。二つの事例のように残された器官を使う場合も、義足のような代替する器官を付着させる場合も、[★7] そしてハサミが使えるようになることも、身体を新たに組織化、発達させて以前とは違うアフォーダンスを利用するようになることである。生態心理学は、身体のそのような可塑性を記述してきた。本稿で紹介したすべての身体が、私たちが考えるより可塑的だった。このことは、今後、生態学的な知見に基づいて身体をデザインする可能性を示唆する。そのとき、デザインのよさは、あらかじめ設定された客観的な基準やモデルによってではなく、個々の身体が環境と切り結ぶなかで決められることになるだろう。

★1　川内美彦（二〇〇一）『ユニバーサル・デザイン――バリアフリーへの問いかけ』（学芸出版社）。
★2　佐々木正人（二〇〇一）「ナヴィゲーションと遮蔽」、佐々木正人・三嶋博之編『アフォーダンスと行為』（金子書房）。
★3　c. f. 伊藤精英（一九九七）「場所や出来事を聴く」『現代思想』二五巻一二号、一四四―一五二頁。
★4　宮本英美（二〇〇一）「運動の回復――リハビリテーションと行為の同時性」、佐々木正人・三嶋博之編『アフォーダンスと行為』（金子書房）。
★5　Gibson, James. J. 1986. *The Ecological Approach to Visual Perception*. Hillsdale. NJ: Lawrence Erlbaum Associates.
★6　使用時に道具が身体の一部になるという発想はギブソンに特有のものではない。ギブソンの特異性については、以下の論文を参照されたい。柴田崇（二〇〇五）『「透明」になる道具の生態学的意義――J・J・ギブソンの道具論のホルト流解釈』『UTCP研究論集』第七号、二一―三三頁。
★7　佐々木正人（二〇〇〇）「義足の生――歩行という意識」『知覚はおわらない』（青土社）。

第10章　語る者の姿勢

川内美彦

1　発表者の姿勢

ＵＤを語るうえで、使い手の視点は重要なポイントであるし、それはＵＤを語る者が常に心しておかなければならない事項である。

本書は二〇〇六年三月に東京大学で開かれた「ＵＴＣＰセッション『共生のための技術哲学』」のうちの第二セッション、「福祉社会における技術の哲学」において発表等をおこなった方々によって、そのセッションで議論されたことを記録するために編まれているが、このセッションにおける発表者の多くは、日常の活動においてものづくりの現場とは距離のある人たちであった。

自由な発想からＵＤを考えるという趣旨からすれば、発表者は必ずしも現実のものづくりにこだわる必要はなく、ＵＤのもつ思想的意味や社会の現状に対するインパクトを語ればいいのだとは思う。

しかしそれでも私は、ＵＤを「語る対象」に留めることに釈然としないものを感じる。

ＵＤがメイスの生活の実体験から生まれたものであり、その背景に環境の不備で社会に参加できない人たちの呻吟があったという原点を考えるならば、それを語る者は、その苦難を理解したうえで論を展開する必要があるのではないかと思う。現実の生々しい問題から生まれたＵＤの考え方は、論じるだけでも興味深いテーマであろうが、論じることで社会に何らかの変化が生まれなければ、現場の苦しみは変わらないのである。そのためにはＵＤを論じる者たちは常に実践を意識しておく必要があるのではないかと、私は考える。

それにしても、ものづくりに関わらない人たちにある種の実践を求めることは、そういった場も経験もないので困難だという意見もあろうが、私はそうは思わない。誰もがそれぞれの活動の場で「可能な限り最大限に」をめざすことは可能ではないだろうか。このセッションを企画した人や発表した人はそれぞれが表現者であり、自己の主張をよりわかりやすく聴衆に伝えるという点においてＵＤの実践に責任をもっと思う。そういう観点から見ると、今回のセッションははなはだ不満の残るものであった。

セッションは英語で行なわれた。これは比較的早い段階から聞いていたことではあったが、通訳なしで全部英語で行なわれるということは、かなり後になって聞いたことであった。そうすると、英語のわからない聴衆は基本的に締め出しだということになる。これを聞いたとき、ＵＤを標榜しつつもこのようなやり方を行なう主催者の、ＵＤに対する認識と誠実さに大きな疑念が生じた。

最近の講演やシンポジウムでは、パソコンによるプレゼンテーションが併用されることが多いが、たとえば聴覚に障害のある人は、音声については理解できないから、画像で大まかな感じはつかめるかもしれないが、話の詳細まではわからない。近年の講演では手話通訳がつくことが常識化されているが、手話のわかる人は聴覚障害のある人全体の中でそれほど多いわけではない。その一方で、小さなときから手話を使い慣れた人たちの中には、文字言語が苦手な人も多いので、手話と文字言語の両方が必要だといわれている。そこで手話通訳と要約筆記の両方をつけることも非常に多くなってきている。

それにしても、今回のセッションでは手話通訳も要約筆記も付かず、情報保障は何も行なわれなかったのである。手話通訳と要約筆記をつけることは特に珍しいことではないという私の意識は、私の関係する分野では普通のことであろうが、それは「外」の世界では必ずしも通じないことなのだと、このとき私は痛感した。しかし今回のセッションのように、その「外」の世界でUDが議論され始めているのである。

ここにUDが「語る対象」としてのみ扱われたときの危険性を感じる。現場から生まれたUDが知的考察の対象として「語る対象」になった途端に、多様な聴衆がいて、話し手はその多様さに対してUDを語る者としての責任があるということを忘れてしまう危険性があるのである。発表者は、自分の発表を聞こえない人や見えない人にどう理解してもらうのかを常に考え、工夫する必要がある。それがUDを語る者としての姿勢ではないだろうか。

2　なぜUDを論じるのか

メイスが社会に対してもっていた、障害のある当事者としての疎外感やある種の憤りは捨象され、純粋に議論の対象としてのUDが切り出されていく。

利用やものづくりの現場を知らない人がUDを論じることは、必ずしも害ではない。むしろ特定の分野や人に偏りがちで、タコツボ化しがちだったこれまでのUDの議論に新たな視点を与えるという点では高く評価されるべきことだと思う。しかしそれでもなお私の中の違和感は払拭されない。

ポリオという障害によって車いすを使っていたメイスは、日々の暮らしの中で、障害のある当事者である自身が周辺環境を使う際に、他の人とは異なる、もっとはっきり言えば不利な扱いを受けていると感じ、それがUD理念へとつながっていった。いわば彼の場合は山野を走り飛ぶキジやヤマドリを知り、狩猟の実際を知ったうえでのUDであった。しかしセッションの発表者の多くは、現場の実態からある種の距離感をもっており、それは射撃という共通点をもちながらも、散弾に撃ち抜かれて、血を流しつつもだえ苦しむキジの姿や断末魔の声を連想する必要のないクレー射撃を論じているように思える。そこでは命のやりとりがない分、議論は切迫せず、客観視できるという利点の一方で、リスクを負わないという楽観も見え隠れする。

クレー射撃を論じることは必ずしも悪いことではないだろう。しかしメイスの視点から考えれば、クレー射撃での議論がどう現場につながるのかの視点のない論には疑問符が付く。それが私の抱く違和感なのだろうと思う。

3　語る者の姿勢

ＵＤは理論から実践に移ってきているといわれている。それにしても理論が完全に成熟しているわけではないから、なお一層の議論が必要なことは確かである。しかし、ＵＤは利用者の視点を中心にした考え方であるから、それを語る者は常に聞き手がいるということを認識しておく必要がある。その聞き手には、当然のことながら、聞こえない者、聞き取りにくい者、見えない者、見えにくい者など、多様な人がいるのである。

その人にどう伝えていくか、写真や図を示したときは「あれ」、「それ」といった指示代名詞を使わず、写真や図の表現しているものをきちんと口頭でも表現するなど、工夫次第でより多くの人に理解していただける余地は大きいのである。その点で今回のセッションでの発表は、従来からのプレゼンテーション方法に疑問をもつことなく、その手法を単に踏襲していたように、私には映った。ＵＤを語るからには、ただ語るだけではなく、自分の発表をより多くの人に理解してもらうにはどのような工夫が必要かの模索があってしかるべきではないだろうか。

メイスの視点からすれば、ＵＤはある種の社会運動であった。ＵＤを語る者は、この社会運動としての遺伝子を継承・発展させていくべきではないだろうか。それはデモといった、いわゆる「運動」といわれる狭義のものである必要はないが、少なくとも、自分たちの主張や実践で社会のありようの幾分かは変えられるかもしれないという意識をもったものであってほしいものである。

このような私の見方に対して、個人的な価値観の押し付けだとの反発もあろうし、その反発に対して私が何らかの反論を行なうつもりもない。反発は反発として、そのまま受け入れるだけである。ただ私にとっては、何らかの社会変化への狙いをもたないＵＤ論とは、では何のための議論なのだろうか、ということなのである。

その意味では、このセッションでＵＤを語った人たちが今後のＵＤの展開にどう関わっていくのか、あるいはセッションや本書で論じられるＵＤが、利用や実践の現場にどういった影響を及ぼすのかという点にこそ、今回のセッションや本書の本当の意義があるのではないかと思う。

ユニバーサルデザインの射程――あとがきにかえて

村田純一

ユニバーサルデザインは思想を帯びた技術であり、その思想の中心をなしているのは多様な人々の「共生」という哲学である。これが本書で検討してきたテーゼである。

もっとも、「共生」という言葉を使う時にはよほど注意する必要がある。この言葉は現代日本のいたるところで使われている心地よい言葉であるが、この言葉によって何が意味されているかを正確に理解しない限り、結局は内容空虚な言葉を繰り返して、語るものの自己満足に終わってしまうだろう。

すでに多くの論者によっても指摘され、本書でも確認してきたように、ユニバーサルデザインは、「障害者」を含め多様な人々のニーズを考慮したデザインであり、したがって、このデザインの思想に含まれる「共生」という言葉は、多様な人々すべてが平等な権利をもって生きることのできる社会のあり方を示しているということができる。すべての人々が差別なく平等に生きられる社会を目指したデザインである、という点で、このデザインは民主主義の理念を体現したものだということができる。

しかしながら、これだけでは民主主義の一面を表現したにとどまっている。この「誰にとっても」ということや「平等」ということを誰が判断し、決定するかということが問題になりうるからである。

もしこのような判断を下すのが、専門家としての技術者や、あるいは、行政側に属するテクノクラート（官僚）であるとすると、そのデザインの実現の仕方は必ずしも民主主義の理念にかなったものとはいえない。専門家と素人、技術者と利用者との間に知識と力に関して不可逆的な格差が生じてしまっているからである。それに対してわたしたちが見てきたのは、ユニバーサルデザインの理念のなかには、この格差を解消する、ないしは逆転する方向が含まれているということであった。

そもそも、いくらユニバーサルを謳っているデザインであれ、多様な人々のすべてのニーズを考慮することは不可能である。だからこそ、デザインの原則として、多様性への配慮や柔軟性の実現が不可欠とされているのである。さらに、こうした多様性を配慮するために、デザインは常に使用者の参加による改良を継続していかねばならないことが強調されている。だからこそ、ユニバーサルデザインという考え方のなかでは、設計者のみが設計と製作に関するエキスパートなのではなく、使用者のほうも、設計と製作にかかわるエキスパート（ユーザー・エキスパート）であることが求められる。すべての人のためのデザインであると同時に、すべての人によるデザイン、この点がユニバーサルデザインの思想にとってもっとも重要な点である（村田　二〇〇七、第4章参照）。

こうしてみると、ユニバーサルデザインという思想には、大変ラディカルな理念が含まれていることに気づかされる。というのも、本書でウィナー氏が語っているように、「設計へ参加する権利」ないし「技術を構想する権利」は、いまだ世界人権宣言にさえ書かれておらず、いまだどの社会でも十分に認められていない権利であるからであり、この新たな人権の理念を実現することには大変な困難が待ち受けていると考えられるからである。

さてそれでは、こうしたユニバーサルデザインの思想ないし哲学に含まれる理念を考慮したうえで、現代日本におけるユニバーサルデザインをめぐる現状を振り返ってみると、現実はどのようにみえるだろうか。本書のなかでも指摘されてきたように、理念と現実とのギャップに目を向けないわけには行かなくなる。そこで最後に、本書でなされたさまざまな考察を敷衍しながら、ユニバーサルデザインが現代の日本社会のなかで実現するうえで出会っている問題について再確認しておきたい。

ユニバーサルデザインと市場主義

現代の日本でユニバーサルデザインがもてはやされるようになったのは、なんといっても急速に進む高齢化という事情による面が大きいと思われる。この点で、日本のユニバーサルデザインをめぐる事情は、ユニバーサルデザインが障害者の権利運動のなかから生まれたアメリカとはずいぶん異なっている。この事情の違いは、しばしば問題を引き起こす原因にもなっているように思われる。

例えば、せっかくユニバーサルデザインに従った建物が作られたとしても、実際に障害者が使用しようとする場合に、さまざまな困難に出会わざるをえなくなるようなことが起きる。場合によっては、せっかく製作物が作られても、肝心の使用を拒否されることさえ起こりうるし、実際、そうした本末転倒した事態が発生したりしているということも報告されている（川内　二〇〇一、一三以下／本書、中村論文）。

だからこそ、ユニバーサルデザインについてはその思想性が強調されるのであり、本書でも、その「哲学」を問題にしてきたのであった。しかし他方で、こうした点に日本に受容されたユニバーサルデザインの否定面のみを見るとすれば、ユニバーサルデザインのもつ特徴を見逃すことになってしまう点にも注意しなければならない。なぜなら、本書の川内論文でも指摘されているように、このデザインの原則のひとつには、市場経済のなかでの実現を目指すという市場主義があり、それによって生じるメリットを最大限利用するということが含まれているからである。バリアフリーという考え方には、そのデザインが付加的なものであり、特別の措置として行なう、という意味が残されており、実際、デザインを追加することによって余分なコストがかかることを避けられない。それに対して、ユニバーサルデザインという場合には、最初から多くの人に利用されることが目指され、それゆえ市場のなかでも一定の競争力があることが条件と見なされている。この点から考えてみると、日本社会のなかで高齢化が進むにつれてユニバーサルデザインというデザイン原則が一定の経済的意味をもつものとして普及していくことは、少なくとも市場主義という観点からすると、ユニバーサルデザインの本来のあり方に反しているというより、むしろ逆に、ユニバーサルデザインの本来のあり方をうまく実現している姿だといえることになる。

これまでの日本の近代化の歴史を振り返ると、技術の導入は、多くの場合、同時に、技術を支える思想やイデオロギーを導入する過程であった。明治初期には、明治の人々はさまざまな近代技術を導入することによって、西欧文明を一挙に導入して社会を大きく変えた。第二次大戦後には、人々は、自動車に代表されるおもにアメリカの技術を導入することによってアメリカンライフスタイルを導入することに努めた。もっともその導入過程は一方では伝統文化を大きく変えるかなりラディカルなものであったが、他方では導入される技術や制度、そして思想の少なからぬ翻訳ないし変形の過程でもあった。

はたして、ユニバーサルデザインの導入過程でも、デザインと一緒にそれを支える思想もまた導入されることになるのだろうか。あるいは、物と一緒にそこに体現している価値観も実現されることになるのだろうか。また、その過程でどのような翻訳ないし変形が生じることになるだろうか。そして、日本社会はどのように変わっていくのだろうか。これらの点については、本書の川内論文や中村論文が指摘しているように、楽観的なことをいうことはできない。残念ながら、ユニバーサルデザインについて議論するために開催したわたしたちの会議自身が、それが前途多難であることを示すことになってしまった。にもかかわらず、というより、まさにそうであるがゆえに、ユニバーサルデザインの思想と哲学について問題にし続けることがますます重要になってくるように思われる。

傷害者の文化とユニバーサルデザイン

ユニバーサルデザインの思想の中核を作っているのは、障害に関する「社会モデル」といわれる考え方である。ひとは身体になんらかの「機能障害（impairment）」をもっているかもしれないが、それによってその人が社会のなかで働く能力に障害がある（disability）と見なされるのは、社会の側にその人の能力を発揮させせない障害をもうけているからである。これが障害の「社会モデル」の基本的な考え方である。

日本の障害者運動のなかでは、このような「社会モデル」は必ずしも大きな力をもってきたわけではないといわれている。むしろ、同化への圧力が強いためもあって、健常者中心に成立している社会へと参加することよりも、自らの障害をそのまま固有の文化として肯定する「文化モデル」と呼ばれる見方がひとつの流れを作ってきた。こうした流れのなかでは、例えば、人工内耳というテクノロジーの浸透はろう者の文化を破壊するテクノロジーとして拒否される場合もある。さらに、バリアフリーは「洗練された同化政策」であり、したがって、障害者の固有の文化を奪うものだ、という考え方が提出されることもある（石川　一九九九、七一）。

このような日本における障害と技術の関係をめぐる議論を理解するには石川氏が提起している概念図式が役立つように思われる（石川　二〇〇二）。

（健常者中心の）社会と障害者との関係を考えた場合、障害者の視点から社会への関係を見ると、社会へ「同化（の努力をする）」するか、それとも「異化する（同化しない）」かという選択が考えられる。他方、社会の側から障害者を見ると、障害者を多くの人と平等に扱い「統合」しようとするか、あるいは、一般とは区別して「排除」しようとするか、という選択肢が考えられる。すると、概念対として四組の場合が考えられることになる。

	統合	排除
同化	A	D
異化	B	C

このうち、最も考えやすいのは、社会は障害者に対して、同化には統合で報い（A）、異化には排除

で応答する（C）というパターンである。他方、障害者のほうから見てもこの二つのパターンのみが可能な選択肢のように思われる。社会のなかで平等に扱われるためには、障害者のほうでも社会への同化の努力が求められると考えられるし、他方で、そのような同化を拒否し、異化の方向を求めるとすれば、社会から排除されることに甘んじざるをえないと考えられる。この最後の考え方は、差異派と呼ばれたりしているが、先にあげた「文化モデル」の考え方がここに入ることになる。こうした見方からすると「社会モデル」はどうしても同化の強制と見なされやすくなる。

なぜこのような二者択一になってしまうのだろうか。理由のひとつは、障害者が懸命に同化の努力をしても、社会は統合で答えることをしないように思われることが多いからである。特に日本社会はそのような傾向が強いため、むしろ、自ら異化と排除の方向を選択せざるをえなくなるということが考えられる。もうひとつの理由は、いくら障害を社会の側に起因するものだといっても、身体的な障害（impairment）は残るため、それを無視せずに肯定しようとすると、どうしても異化と排除の組み合わせであるCのような位置しか考えられないように思われるという点があげられる。

このような二者択一が支配している限り、ユニバーサルデザインに関しても、同化への強制ではないかという批判がなされることもやむをえない点がある。それに対して、右の図式は第四の位置、つまり、Bという位置があることを示唆している。そして、この統合と異化の組み合わせこそユニバーサルデザインの意義を大変よくあらわしている。

たしかに、社会の側で環境が整備されることによって身体的、機能的な障害をもった人も能力を発揮できるようになるだろう。健常者と呼ばれる人よりも能力を発揮する場合も出てくるだろう。しかし、身体的障害をもつ人が、さまざまな技術を用いて能力を発揮することによって健常者が生み出すものと同じような結果をもたらすことができるからといって、それぞれのひとの行為がもっている意味が同じになるというわけではない。車椅子利用者がエレベータを利用することと、健常者がエレベータを利用することは、それぞれにとってまったく同じ意味をもつわけではない。それぞれの人の行為の体系、ないし、生き方の全体のなかで占めている位置はやはり異なっているだろう。視覚障害のある人がコンピュータを使いこなすことによって多くの健常者以上の仕事を行なうことがあるにしても、そのような行為のもつ意味、行為の仕方は健常者とは違っているだろう。行為の形、生活の形式が異なる以上、それぞれの行為の意味が異なるのは当然である。つまり、ユニバーサルデザインは、「ユニバーサル」を目指すとはいえ、そのデザインがそれぞれの利用者にとってもつ意味は、それぞれにとって異なっていることを排除しないどころか、むしろ、その多様性、柔軟性によってそのような異なりを支援しているともいえる。このように考えられるなら、ユニバーサルデザインというデザインのあり方は、障害者にとっての固有の文化のあり方と決して対立するわけではないはずである。むしろ、さまざまな多様な文化を形成することを支援するのがユニバーサルデザインであると考えることもできるように思われる。

このように考えられるなら、ユニバーサルデザインは、障害に関する「社会モデル」と「文化モデル」の二者択一から逃れる道を用意してくれるテクノロジーであり、その意味でも日本にとって適合的なデザインといってもよいのではなかろうか。そしてこのことは、「社会」という概念を無条件に用いることがどれほど問題をはらむことになるかをも示すことになる。社会というものがあって、そのなかで「共生」が成立するのではなく、むしろ多様な人々の「共生」が形作る形がそのつど社会というあり方を示すのである。

以上要するに、ユニバーサルデザインに含まれた思想は、「共生のための技術哲学」という内容を十分に備えたものだといってもよいのだろうか。少なくとも、これまでの議論が示しているのは、多くの限定を残しながらも、この問いに対して肯定的に答えてもよいということのように思われる。ただし、この肯定的な答えは、「共生」ということがどのようなことかをあらかじめ自明のこととして前提するのではなく、むしろ「共生」とはどのようなことかをつねに問題にし続けねばならないことの確認を伴っていなければならない。ユニバーサルデザインという思想をもったテクノロジーは、そのつど目標とされる「共生」というあり方を実現するテクノロジーであるが、それと同時に、その試みを通して「共生」というあり方のもつ多様な次元を改めて顕在化し、その課題の困難さを理解させ、同時に「共生」を新たな光の下で捉えなおすことを可能にするものでもある

以上見てきたように、「ユニバーサルデザイン」というデザイン観は実に多くのことを考えさせる内容を含んだものである。とても本書のようなささやかな試みによってその射程を組み尽くすことのできるものではない。もし本書が読者の方々に本書を越えてさらに考え続けていただくための刺激を少しでも提供できたとするなら、編者にとっての望外の喜びである。わたしたち執筆者も、今後の活動のなかで、「語るものの責任」を少しでも果たすように努力したいと考えている。

文献

石川准（一九九九）「障害・テクノロジー・アイデンティティ」石川准・長瀬修編『障害学への招待』（明石書店）
石川准（二〇〇二）「ディスアビリティの削減、インペアメントの変換」、石川准・倉本智明編『障害学の主張』（明石書店）
川内美彦（二〇〇一）『ユニバーサルデザイン――バリアフリーへの問いかけ』（学芸出版社）
村田純一（二〇〇七）『技術の倫理学』（丸善）

執筆者略歴（目次順）

村田純一（むらた・じゅんいち） 1948年生まれ。東京大学大学院総合文化研究科教授（科学史・科学哲学）。著書に『知覚と生活世界――知の現象学的理論』（東京大学出版会、1995年）、『色彩の哲学』（岩波書店、2002年）、『技術の倫理学』（丸善、2006年）ほか
ウィーベ・バイカー（Wiebe Bijker） 1951年生まれ。マーストリヒト大学教授（科学技術社会論）。著書に、*The Social Construction of Technological Systems*, The MIT Press, 1989, *Shaping Technology/Building Society- Studies in Sociotechnical System*, The MIT Press, 1994 ほか
夏目賢一（なつめ・けんいち） 1974年生まれ。金沢工業大学基礎教育部修学基礎教育課程講師（科学史・科学技術論）
藤垣裕子（ふじがき・ゆうこ） 1962年生まれ。東京大学大学院総合文化研究科助教授（科学技術社会論、科学計量学）。著書に『科学論の現在』（共著、勁草書房、2002年）、『専門知と公共性』（東京大学出版会、2003年）、『科学技術社会論の技法』（編著、東京大学出版会、2005年）ほか。
川内美彦（かわうち・よしひこ） 1953年生まれ。一級建築士、博士（工学）、一級建築士事務所アクセスプロジェクト主宰。2000年「ロン・メイス21世紀デザイン賞」受賞。著書に『バリア・フル・ニッポン――障害を持つアクセス専門家が見たまちづくり』（現代書館、1996年）、『ユニバーサル・デザイン――バリアフリーへの問いかけ』（学芸出版社、2001年）ほか。
木原英逸（きはら・ひでとし） 1951年生まれ。国士舘大学政経学部教授（科学技術論・社会的認識論）。著書に『公共のための科学技術』（共著、玉川大学出版会、2002年）。論文に "How to Shoulder the Social Responsibility of Techno-scientists: Japanese case"（『国士舘大学政経論叢』122号、2002年）、"The Extension of Peer Review, How should it or should not be done?"（*SOCIAL EPISTEMOLOGY*, Vol. 17, No. 1, 2003）ほか。
石川准（いしかわ・じゅん） 1956年生まれ。静岡県立大学国際関係学部教授（社会学・障害学・支援工学）。社会学博士。著書に『アイデンティティ・ゲーム』（新評論、1992年）、『人はなぜ認められたいのか』（旬報社、1999年）、『見えないものと見えるもの』（医学書院、2004年）ほか。
河野哲也（こうの・てつや） 1963年生まれ。玉川大学文学部助教授（哲学・倫理学）。著書に『メルロ＝ポンティの意味論』（創文社、2000年）、『エコロジカルな心の哲学』（勁草書房、2003年）、『環境に拡がる心』（勁草書房、2005年）、『〈心〉はからだの外にある』（NHKブックス、2006年）ほか。
ラングドン・ウィナー（Langdon Winner） 1944年生まれ。レンセラー工科大学科学技術学部教授（科学技術社会論・技術哲学）。著書に *Autonomous Technology: Technics-out-of-Control as a Theme in Political Thought*, MIT Press, 1997、『鯨と原子炉』（紀伊國屋書店、2000年）ほか。
中村征樹（なかむら・まさき） 1974年生まれ。科学技術政策研究所研究官（科学技術社会論／科学技術史）。著書に『サイエンスカフェへの招待（仮題）』（共著、ナカニシヤ出版、近刊）、『大学界改造要綱』（共著、藤原書店、2003年）。訳書に、『科学大博物館』（共訳、朝倉書店、2005年）。
柴田崇（しばた・たかし） 1969年生まれ。東京大学大学院総合文化研究科21世紀COE「共生のための国際哲学交流センター（UTCP）」研究拠点形成特任研究員（メディア論）。論文に「D・カッツのメディウム論」（『生態心理学研究』第1巻第1号、2004年）、「マクルーハンとサイバネティクス」（『情報文化学研究』第3号、2005年）、「『透明』になる道具の生態学的意義」（『UTCP研究論集』第7号、2006年）ほか。

UTCP叢書2

共生のための技術哲学

発行――二〇〇六年一二月二五日　初版第一刷発行

定価――（本体一八〇〇円＋税）

編　者――村田純一

発行者――西谷能英

発行所――株式会社　未來社

〒112-0002東京都文京区小石川三―七―二

電話・(03) 3814-5521(代表)

http://www.miraisha.co.jp/

Email: info@miraisha.co.jp

振替〇〇一七〇―三―八七三八五

印刷・製本――萩原印刷

ISBN 4-624-01173-2 C0310

（消費税別）

小林康夫編
いま、哲学とはなにか
哲学はどこへ向かうのか。東大ＵＴＣＰ「共生のための国際哲学交流センター」の精鋭に外国人執筆者をまじえた19人による応答集。現代哲学のかかえる問題を内在的にとらえ返す試み。二〇〇〇円

シーモア・パパート著／奥村貴世子訳
マインドストーム［新装版］
〔子供、コンピューター、そして強力なアイデア〕ＭＩＴ人工知能研究室でロゴプロジェクトを率いる著者が、ロゴの教育理念とコンピュータによる子供の創造性開発の可能性を語る。二八〇〇円

カール・ポパー著／小河原誠・蔭山泰之訳
よりよき世界を求めて
批判的合理主義の巨人の思想をコンパクトに示した16の講演・エッセイ集。知識について、歴史について、その他の主題をめぐるポパー思想の形成と発展を如実に示す思想的自伝。三八〇〇円

カール・ポパー著／ポパー哲学研究会訳
フレームワークの神話
〔科学と合理性の擁護〕パラダイム論やフランクフルト学派をフレームワーク（準拠枠）の神話に拠るものと批判し、科学の合理性を擁護する、著者の社会科学方法をめぐる論文集。三八〇〇円

アレクサンドル・ボグダーノフ著／佐藤正則訳
信仰と科学
ボリシェヴィズムの代表的理論家によるレーニン反駁の書。科学的認識にもとづく史的唯物論を擁護する。ロシア・マルクス主義の誕生の現場にして、世紀転換期の思想史の一幕。二二〇〇円

小林康夫著
表象の光学
〈光学〉をキーワードに、西欧近代における哲学、文学、音楽、美術等の諸領域を横断的に貫こうとする表象文化論的思考装置が凝縮された思考を展開する著者の知的彷徨の所産。二八〇〇円

『共生のための技術哲学』
テキストデータ引換券

視覚障害、肢体不自由などの理由で印刷媒体による本書のご利用が困難な方で、ご希望のある場合には、本書のテキストデータをメールで、論文単位または全文をお送りします（図版はお送りできません）。ご希望の方は、本ページに印刷されている引換券を切り離して同封のうえ、メールアドレス、住所、氏名を添えて、下記宛までお申し込みください。ただし、個人使用目的以外の利用は法律によって認められておりませんので、ご了承ください。

送付先
112-0002　東京都文京区小石川3-7-2
株式会社未來社編集部『共生のための技術哲学』編集係